ei

Andreas Urs Sommer

*Lohnt es sich,
ein guter Mensch
zu sein?*
Und andere
philosophische Anfragen

1 2 3 4   05 04

© Eichborn AG, Frankfurt am Main, Juli 2004
Umschlaggestaltung: Christina Hucke unter Verwendung
des Gemäldes »Eva« von Lucas Cranach dem Älteren (1528)
Lektorat: Palma Müller-Scherf
Satz: Fuldaer Verlagsagentur, Fulda
Druck und Bindung: Clausen & Bosse, Leck
ISBN 3-8218-5590-8

Verlagsverzeichnis schickt gern:
Eichborn Verlag, Kaiserstraße 66, D-60329 Frankfurt am Main
www.eichborn.de

Le secret d'ennuyer
est celui de tout dire.
> *Voltaire*
> Discours en vers sur l'homme VI/
> Œuvres complètes, tome 12, Kehl 1784, S. 51

Wozu philosophische Briefe?

Ein Brief ist ein altertümliches Mittel, sich mitzuteilen. Der modernen Telekommunikationstechnik verdanken wir weit effizientere Möglichkeiten, um Nachrichten und Ansichten an die jeweiligen Adressaten zu bringen – als Spam-E-Mails auch an solche, die lieber keine Adressaten wären. Der Brief hingegen fordert Konzentration sowohl von dem, der ihn verfasst, als auch von dem, der ihn liest.

Angesichts der Flüchtigkeit heute gängiger Kommunikationsmittel hat der Brief in seiner stofflichen Gestalt – er liegt vor uns als ein Stück Papier mit blauen oder schwarzen Schriftzügen – fast etwas Empörendes: Der Brief verflüchtigt sich nicht einfach, so wie ein Anruf sich verflüchtigt, sobald man ihn beendet hat, oder eine E-Mail, sobald man auf die Delete-Taste drückt. In seiner Stofflichkeit ist er – zumal, wenn er eine Antwort verlangt – eine unübersehbare Aufforderung, sich mit ihm auseinander zu setzen. Eine Prokovation.

Dem echten Brief haftet etwas geradezu Unheimliches an, nicht nur, weil er das Überbleibsel einer anderen Zeit zu sein scheint und weil er so viel Beharrungsvermögen zeigt, regelrecht zerknüllt, verbrannt oder unter einem dicken Stapel Zeitungen vergraben werden muss, damit man ihn getrost vergessen kann. Sondern auch, weil der Brief scheinbar keinen Widerspruch duldet, solange der Absender das Wort führt und der Empfänger nicht seinerseits zur Feder oder zum Computer greift. Ein Brief ist zunächst einmal ein Monolog und bleibt es, bis man seiner Forderung nach Antwort nachkommt. Er ist unheimlich, weil der Dialog nicht unmittelbar gegeben ist, sondern erst errungen werden will: Man muss dem Brief etwas entgegenzusetzen haben – den Gegenbrief.

Natürlich ist zum Beispiel auch das Fernsehen ein monologisches Medium und ist dennoch nichts weniger als unheimlich. Aber es ist ein Medium, das sich an alle und keinen richtet und daher niemanden wirklich etwas angeht. Der Brief hingegen richtet sich an Sie oder an mich; er fragt nicht, ob er willkommen ist und lässt sich nicht einfach ausknipsen, denn er geht mich an – bei Briefen großer Briefschreiber selbst dann, wenn ein ganz anderer der ursprüngliche Empfänger war. Man überzeuge sich davon etwa anhand der Briefe des Denis Diderot (1713–1784) oder des Ferdinando Galiani (1728–1787).

Der Brief stellt eine eigene literarische Form dar, die sich allen Gattungsvorschriften erfolgreich widersetzt. Zwar gibt und gab es ebenso Anleitungen zur Niederschrift von Geschäfts- oder Kondolenzbriefen wie Anleitungen zur richtigen Art des Verseschmiedens oder Tragödiendichtens. Aber wie ein Brief auszusehen hat, was hineingehört und was nicht – und vor allem: Wie viel sein Autor von sich selbst hineinlegen darf, darüber kann kein *Handbuch des rechtschaffenen Korrespondenten* gültige Auskunft erteilen. Echte Briefe sind aus der unmittelbaren Situation heraus entstanden, von der sie häufig handeln. Unheimlich sind sie nicht zuletzt, weil sie den Empfänger mit dieser Situation in einer merkwürdig distanzierten Weise behelligen: Sie berichten nicht unmittelbar, wie dies ein Aufschrei oder ein atemloser Anruf tun könnte, von etwas Furchtbarem beispielsweise, das dem Schreiber widerfahren ist, sondern gießen es in feste Form, distanzieren das Furchtbare vom Schreiber durch diese feste Form, die umso nachhaltiger den Empfänger in Mitleidenschaft zieht. Ihm, der sich dem wohlgeformten Satz nicht entziehen kann, wird das Furchtbare (oder was immer geschehen ist und berichtet wird) aufgebürdet. Erst ein Antwortbrief befreit. Der Brief ist ein Mittel, sich etwas vom Halse zu schaffen, indem man es in geschriebenes Wort verwandelt und damit in viel unmittelbarerer Weise, als ein Gedicht oder ein Roman es vermöchte, einer bestimmten Person, dem Empfänger zumutet, damit umzugehen. Von subjektiven Empfindungen, Meinungen, Anschauungen ist im Brief oftmals die Rede; ein bestimmter, subjektiver, singulärer Empfänger ist oftmals dafür ausgewählt.

Seit der Antike haben sich Philosophen in der Kunst des Briefeschreibens geübt, freilich häufig nicht, um subjektive Empfindungen, Meinungen, Anschauungen einem ganz bestimmten Empfänger mitzuteilen. Die philosophische Aneignung der Briefform diente eher dazu, Allgemeinheiten und Allgemeingültigkeiten unter dem Deckmantel der Intimität einem großen Publikum zu verkünden. Jedem einzelnen Leser wird suggeriert, er sei ganz persönlich gemeint und der Philosoph ziele mit seiner Botschaft speziell auf ihn ab. Erfolgreich kann diese Strategie dort sein, wo die Philosophen aus der persönlichen Perspektive ihres Daseins heraus schreiben, sodass die jeweils thematisierten Weisheiten nicht abstrakt bleiben, sondern in ihrem unmittelbaren Lebensbezug sichtbar werden. Das gelingt zum Beispiel dem römischen Stoiker Seneca (4 v. Chr.–65 n. Chr.) in seinen *Briefen an Lucilius*. Während sich die Forschung bei diesen Texten nicht einig ist, ob es sich um reine Kunstprodukte handelt oder ob Seneca seinem Freund tatsächlich regelmäßig Briefe zur Festigung der Gelassenheit geschickt hat (Gegenbriefe von Lucilius an Seneca sind keine erhalten), so sind andere vorgebliche Briefe von Philosophen erkennbar literarische Kunstprodukte, bloß verkappte Traktate im notdürftig verhüllenden Briefgewand, entsprechend langweilig zu lesen und keineswegs dazu angetan, die Empfänger, womöglich die Menschheit insgesamt, in den Bann zu ziehen oder gar zum Gegen-Schreiben zu verlocken. Philosophische Briefe – ob fiktiv oder nicht – neigen dazu, das Rede- und Schreibrecht, das so lange währt, bis der Schreiber den Griffel niederlegt oder die Finger von der Tastatur hebt, schamlos auszunutzen.

Was also sollen das für philosophische Briefe sein, die dieses Buch versammelt? Womöglich ein in Häppchen zerlegtes System der Philosophie, das von seiner Welttotalübersicht aus Antworten auf allerlei kasuistische Fragen bereithält? Die Erfindung von einigen Briefen ratlos Hilfe Suchender, denen der Philosoph dann aus der Fülle seines Wissens heraus souverän Ratschläge erteilt und ihnen kundtut, wie sie ihr Leben umzukrempeln haben? Hat man es mit einem moralphilosophischen Briefkastenonkel zu tun, der jene Marktanteile wieder zurückzugewinnen hofft, die rührige Psychologen, Mediziner, Sozial- und Sexualtherapeuten längst für ihre Fächer gesichert haben?

Nichts dergleichen. Was hier Buchgestalt angenommen hat, verdankt sich der freundlichen Einladung des *Magazins,* das zum Wochenende dem Zürcher *Tagesanzeiger* beiliegt, Briefe von Lesern mit philosophischen Fragestellungen zu erwidern. Dieser Einladung bin ich gern nachgekommen, weil ich darin eine willkommene Gelegenheit sah, mit einem Publikum ins Gespräch zu kommen, das sich nicht professionell, aber doch mit unverkennbarem Ernst grundsätzlichen, eben philosophischen Problemen stellt. Insgeheim hoffte ich vielleicht, mich als Mediator nach und nach überflüssig zu machen und die *Magazin*-Leser im freien Austausch von Ansichten und Argumenten zu den alleinigen Autoren der philosophischen Seite zu machen, die ihnen jede Woche gedruckt vor Augen stand. Jedenfalls stellte sich bald eine große Anzahl Anfragen ein – meist in Form von E-Mails, weniger häufig als Faxe, selten als handgeschriebene Briefe –, mit deren Erwiderung ich ein gutes Jahr lang beschäftigt war, von der Redaktion mit der manchmal schwer handhabbaren Befugnis ausgestattet, Briefgespräche aufzunehmen, aber auch wieder abzubrechen. Die Vielfalt der Themen war so groß wie die möglichen Welt- und Lebensperspektiven.

Es konnte in meinen Erwiderungen – die nur sehr bedingt Antworten sind – nicht darum gehen, darzutun, was beim jeweiligen Thema die zu wissende oder zu glaubende Wahrheit sei. Philosophietreibende verfügen über die Wahrheit ebenso wenig wie Menschen, die das Philosophietreiben unterlassen. Die Briefe – weder diejenigen, die ich bekam, noch diejenigen, die ich schrieb – sollten kein Vehikel der Belehrung sein, sondern eines der Befragung. Das Experiment eines öffentlich und mit vielen Partnern geführten, philosophischen Briefwechsel schien mir dann Aussicht auf Erfolg zu haben, wenn es gelänge, im Prozess des Fragens und Zurückfragens zu bleiben. Briefe könnten, falls es sich eben um echte Briefe und keine zur Tarnung in Portionen zerstückelte Abhandlungen handelt, vielleicht ideale Medien philosophischer Kommunikation sein, gerade weil in ihnen die Unabgeschlossenheit und die Unabschließbarkeit zum Prinzip geworden ist. Der Brief, sofern er eine Erwiderung erfährt, legt nichts Definitives fest, sondern bescheidet sich mit dem situativen Provisorium. Womöglich können wir als Menschen nichts anderes tun.

Wer nun aber sind die Adressaten dieser Briefe? Erstens war ich als bezahlter »Auftragsschreiber« ja kein Privatmann, der die Post von guten Freunden beantwortet. Zweitens hatte ich auch nicht – wie etwa Seneca in der Person des Lucilius oder Lord Chesterfield (1694–1773) in der Person seines Sohnes, den er durch seine beredten Briefe zum Weltmann erziehen wollte – nur einen einzigen Briefgesprächspartner vor mir, mit dem ich einen gemeinsamen Denkweg hätte gehen können. Drittens schließlich waren die Adressaten sowohl der Briefe an mich wie der Briefe von mir nicht nur die jeweils Schreibenden, sondern ebenso die unbekannte Leserschaft des *Magazins,* die sich jederzeit hätte in die brieflichen Debatten einschalten können, es aber meist unterließ. Von Anfang an also war das Briefeschreiben für alle Beteiligten auch ein Sprechen ins Leere, ungewiss, wen was erreichen würde.

Um an diesem Sprechen ins Leere nicht zu verzweifeln, könnte man sich mit fiktiven Adressaten behelfen, wie das etwa Ludwig Hohl tut, wenn er meint, eigentlich seien »alle Werke, möge es sich um Drama oder Epik, um Gedichte oder Philosophie (etc.) handeln, nichts als *Briefe an einen Freund* (einen fernen vielleicht wohl, einen nur vorgestellten; dennoch Briefe an einen Freund oder Freunde – an die Menschen)«. Philosophische Briefe – solange sie nicht wissen, was der mögliche Adressat wirklich will, oder solange man nicht wie Seneca oder Lord Chesterfield genau darüber unterrichtet ist, was diesem Adressaten gut bekommt – sind mit Vorteil nur scheue Anfragen, ohne Vorgriff auf das, was der mögliche Adressat denkt oder nicht denkt. Womöglich der einzige Vorgriff ist der auf die Möglichkeit eines solchen Adressaten überhaupt, ohne zu unterstellen, er sei gleich ein Freund. Bestenfalls kann er es werden.

Man würde die Kompetenz philosophischer Briefe zugleich über- und unterfordern, wollte man ihnen zumuten, therapeutisch zu wirken. Philosophische Briefe, wie sie hier versammelt sind, zielen zwar auf das Grundsätzliche – was sie denn zu philosophischen Briefen macht. Aber aus der Reflexion aufs Grundsätzliche vermögen sie nicht abzuleiten, wie man etwaige üble Weltzustände kuriert oder individuelles Leiden bewältigt. Philosophie, wie ich sie zumindest als Erwiderungsbriefschreiber hier verstehe, ist keine Lebensleitungsbevollmächtigte, sondern ein **Gewissheitsverunsicherungsunternehmen.** Anfragen, bestenfalls Diagnosen, aber keine Therapien sind von ihr zu erwarten. Vielleicht ist es auch nicht die Verkündigung neuer Gewissheiten, sondern das beharrliche Stellen alter und auch neuer Fragen, was die Philosophie gesellschaftlich unentbehrlich macht. Insofern ist sie auch politisch.

Wozu philosophische Briefe? Um die Philosophie im Modus des Fragens zu halten. Um alle Anfragen unerledigt und für Rückfragen offen zu lassen.

A. U. S.

LEKTÜREVORSCHLÄGE:

Philip Dormer Stanhope, Lord Chesterfield: Letter to His Son. Introduction by Robert K. Root. London; New York 1946 (= Everyman's Library, Bd. 823).

Denis Diderot: Briefe an Sophie Volland. Hrsg. von Rolf Geißler, aus dem Französischen übersetzt von Gudrun Hohl. Leipzig 1986.

Ferdinando Galiani und Louise d'Epinay: Helle Briefe. Aus dem Französischen von Heinrich Conrad. Mit einer Einleitung und mit Anmerkungen von Wilhelm Weigand, ergänzt durch Friedhelm Kemp. Frankfurt am Main 1992 (Die andere Bibliothek, hrsg. von Hans Magnus Enzensberger, Bd. 96).

Lucius Annaeus Seneca: Ad Lucilium epistulae morales / An Lucilius, Briefe über Ethik. Übersetzt, eingeleitet und mit

Anmerkungen versehen von Manfred Rosenbach = L. A. S., Philosophische Schriften, lateinisch und deutsch, hrsg. von Manfred Rosenbach. Sonderausgabe, Bde. 3–4. Darmstadt 1995.

Freiheit des Staunens

Sehr geehrter Herr Sommer,
wenn einer unserer steinzeitlichen Vorfahren durch den Tag marschiert ist, wird ihm allerhand Unerklärliches begegnet sein. Schon eine Blume, die wuchs, nachdem der Schnee zurückgegangen war, bot dem Vorfahren wohl genug Anlass, verwundert bis stutzig zu werden, aber vor allem einen Zusammenhang zu sehen. Das war die Geburtsstunde der Religion. Dann kam irgendwann noch die Wissenschaft dazu, die stolz glaubte, Gott an und für sich widerlegen zu können – und letztlich aber doch nur das Glaubensbedürfnis als biologische Grundfunktion nachwies. Weil nun also alles Wunderhafte, Unerklärliche von Religionen und Wissenschaften gepachtet worden ist und dort ordentlich bewältigt und versorgt werden kann, ist der neuzeitliche Mensch nicht mehr eben stark darin, das zufällig Bedeutungshafte auszuhalten und sich dem Staunen hinzugeben. Hätte nicht jeder unserer steinzeitlichen Vorfahren in der Klapsmühle enden müssen, wenn er sich hätte anhören müssen, was da für Konstrukte erfunden wurden, um die Welt zu begreifen? Heutzutage wird uns die Welt schon von klein auf erklärt, und da bleibt wenig Spielraum für Abweichungen.

Kaspar S.

Lieber Herr S.,

Für Platon (427–347 v. Chr.) und Aristoteles (384–322 v. Chr.) war klar, dass alles Philosophieren mit dem Staunen beginne. Aber hört das Staunen auf, wenn wir zu philosophieren anfangen? Ihre Kurzfassung der Weltgeschichte lässt das beinahe vermuten: Alle unsere Bemühungen, die Welt zu verstehen und zu beherrschen, zielen darauf, das Zufällige auszuschalten. Das auszuschalten, was uns irritieren, erschrecken, in die Abgründe des Unwissens und des Zweifels stürzen könnte. Religion und Wissenschaft wären dann einzig dazu erfunden worden, das Staunen in Schach zu halten, es auf Kinoabende, in Freizeitlektüren und auf Sonntagsausflüge zu verbannen.

Mag die Philosophie auch mit dem Staunen beginnen, ist sie doch darauf bedacht, es möglichst zu bewältigen und in vernünftiges Verstehen umzuprägen. So berichtet der römische Staatsmann und Philosoph Marcus Tullius Cicero (106–43 v. Chr.) von seinem griechischen Kollegen Anaxagoras (um 500–428 v. Chr.), dieser habe, als ihm die Nachricht vom Tod seines Sohnes überbracht wurde, gleichmütig erwidert: »Ich wusste, dass ich einen Sterblichen hervorgebracht habe.« Cicero folgert, Weisheit bestehe darin, sich gegen alle möglichen Widerfahrnisse des Lebens geistig schon im Voraus zu wappnen, mit allem zu rechnen und sich über nichts zu erstaunen. Die von ihm benutzte Formel des »nil admirari«, »über nichts staunen«, fasst jene geistigen Bemühungen in zwei Worten zusammen, die seit der Erfindung der Religion auf die Ausrottung des Staunens zielen. Denn dieses Staunen ist gefährlich, es verunsichert und untergräbt, sind seine jeweiligen Ursachen doch das, womit man überhaupt nicht gerechnet hat: zum Beispiel ein Phänomen, das nicht ins bisherige Weltbild passte, oder eine völlig neue Sichtweise auf ein bisher scheinbar ganz und gar bekanntes Phänomen.

Man könnte also denken, die Fähigkeit des Staunens geriete im Laufe der Geschichte unter die Räder alles erklärender Weltzugriffe, die wie unerbittliche Maschinen planierten, was im Verdacht der Zufälligkeit steht.

Eine derartige, vollständig ausgeleuchtete Welt ohne Gelegenheit zu staunen droht jedoch nicht. Mindestens aus zwei Gründen nicht. Der erste Grund: In Wahrheit wissen auch die bestallten Plattwalzer des Staunens, dass die Menschen ohne Staunen, mag es auch ein gezähmtes Staunen sein, nicht auskommen wollen. Man sehe sich an, wie etwa Religionen und Wissenschaft das Staunen kultivieren, es in ihren Ritus oder ihre Praxis einbauen und gerade damit neue Anhänger zu gewinnen hoffen.

Der zweite Grund: Je mehr Versuche es gibt, das Unerklärliche, Zufällige und Staunenswerte zu bannen, je stärker wird die Konkurrenz dieser Versuche untereinander. Sie können unmöglich alle so wahr sein, wie es jeder Versuch – Wissenschaft oder Religion – exklusiv für sich in Anspruch nimmt. Zwischen diesen Versuchen tut sich jedem mit einiger Freiheit des Denkens ausgestatteten Menschen ein immenser Spielraum des Staunens auf.

A. U. S.

LEKTÜREVORSCHLAG:

Marcus Tullius Cicero: Tusculanae disputationes / Gespräche in Tusculum [um 45 v. Chr.]. Hrsg. von Olof Gigon. München; Zürich ^{6}1992.

Lob des Zweifels

> Sehr geehrter Herr Sommer,
> die Philosophie, wie man sie so kennt, weiß ja offenbar unglaublich viel. Sie glaubt, die Menschen zum Wissen erziehen zu können. Aber was, lieber Herr Sommer, kann ich denn überhaupt wissen? Die Wissenschaftler und Zeitungsschreiber sagen von so vielem, dass es bekannt sei, dass es gewusst werde. Woher aber wissen die das? Und was hat die Philosophie damit zu tun?
>
> Hanns Karl F.

Lieber Herr F.,
Philosophie weiß – leider gar nichts. Aber vielleicht ist dieses »leider« schon zu viel; vielleicht liegt im Unwissen der Philosophie auch ihre große Chance.

Lange hat man versucht, Philosophie zu einer Art Oberaufseherin über die Wissensansprüche der Wissenschaften zu erheben. Vielerorts wird dies noch immer versucht. Philosophie habe doch, so hört man dann, Gründe dafür anzugeben, warum etwas »gewusst« werde.

Eine alte philosophische Unterscheidung trennt Glauben, Meinen, bloßes Für-wahr-Halten von wahrem Wissen. Für die Behauptung, man wisse etwas, müssen dann Gründe beigebracht werden; man muss seine Behauptung rechtfertigen können. Wann aber hat man genügend Gründe genannt, genügend Rechtfertigungen ausgefeilt, um sein Wissen für gesichert zu halten?

Ich sehe zwar den Füllfederhalter vor mir auf dem Schreibtisch liegen, einen länglichen, mattsilbern glänzenden Zylinder. Wie jedoch kann ich mir sicher sein, dass ich nicht einer optischen Täuschung unterliege oder dass mir meine Kurzsichtigkeit etwas als Füllfederhalter vorgaukelt, was ein Fieberthermometer oder eine Botanisierbüchse ist?

Ich greife zum Füllfederhalter, schraube den Deckel ab und schreibe ein paar Zeilen auf ein Blatt Papier.

Damit habe ich zweifellos die Gründe vermehrt, die meinen Anspruch stützen, ich wisse, dass es sich bei diesem Gegenstand um einen Füllfederhalter handle. Ich spüre den Füllfederhalter in meiner Hand, ich gebrauche ihn so, wie man eben einen Füllfederhalter, nicht aber ein Fieberthermometer oder eine Botanisierbüchse gebraucht. Ist damit dieses behauptete Wissen schon sichergestellt, »zweifellos« gemacht?

Im Alltag wird mir diese Rechtfertigung des Wissens vollauf genügen – mehr will ich gar nicht wissen. Nur stellt Philosophie ihre Erkundigungen da nicht ein, sondern bohrt weiter.

Kann es denn nicht auch sein, dass ich vom Füllfederhalter nur träume, dass ich zu schreiben träume?

Oder wäre es denkbar, dass ich vielleicht ein Gehirn in einem Tank bin, das in einer Nährlösung liegt, und dem mit Hilfe elektrischer Impulse bloß vorgegaukelt wird, dass es etwas sieht, während es in Wahrheit nicht einmal an Augen angeschlossen ist, die Sinneseindrücke aufzunehmen vermögen? Wie beweise ich, dass ich nicht träume oder kein Gehirn im Tank bin? Ist das mehr als Glauben, Meinen, bloßes Für-wahr-Halten?

Wenn ich eingangs vermutet habe, im Unwissen der Philosophie liege ihre große Chance, dann deshalb, weil sie all unsere Wissensansprüche im Alltag und in den Wissenschaften immer wieder neu auf die Probe stellt.

Dieses stete Auf-die-Probe-Stellen ist ungemein befreiend. Philosophieren bedeutet, nicht vom Fragen und Hinterfragen abzulassen. Nicht einmal meines Zweifels kann ich mir ganz sicher sein.

A. U. S.

LEKTÜREVORSCHLAG:
Thomas Grundmann; Karsten Stüber (Hrsg.): Philosophie der Skepsis. Paderborn; München; Wien; Zürich 1996.

Was regiert, wenn Geld die Welt regiert?

> Lieber Herr Sommer,
> »Geld regiert die Welt«, sagt der Volksmund. Wenn man in die Welt blickt, ist das ja eine traurige Wahrheit. Überall herrschen die so genannten »ökonomischen Sachzwänge« und verdrängen alles Menschliche. Können die Philosophen da einen Ausweg weisen? Wie denken Sie über Geld?
> *Martha U.-Z.*

Liebe Frau U.-Z.,
an großen Worten herrscht kein Mangel, wenn wir über Geld sprechen. Unser Leben scheint es fest im Griff zu haben; nicht einmal aus unseren intimsten Angelegenheiten können wir es auf Dauer ausklammern: Beim ersten Date wird die Frau oder der Mann noch selbstverständlich zur Rechnung greifen, die Zeche bezahlen und begütigend abwinken, wenn der andere protestiert. Aber dieses Abwinken ist dann nicht mehr am Platz, wenn zwei Liebende beschließen, ihr Leben gemeinsam zu führen. Da muss gerechnet, Soll gegen Haben abgewogen werden. Da bricht die Wirklichkeit der Ökonomie ins Intime ein.

Die (wenig philosophische) Frage, ob sich's rechnet, stellt sich bei fast allem – selbst wenn wir die Zeche beim ersten Date bezahlen und meinen, dies sei eine gute Investition in die Zukunft oder doch immerhin in ein Abenteuer. Können wir uns menschliche Kommunikation nur als Tausch- und Austauschverhältnis vorstellen?

Geld ist ein – übrigens erst vor etwas mehr als zweieinhalbtausend Jahren erfundenes – Mittel, um unterschiedlichste Dinge miteinander in Beziehung zu setzen. Denn was haben ein Abendessen, ein amouröses Abenteuer, eine Altersversicherung, eine Eisenbahnfahrkarte und ein goldener Ring gemeinsam, außer eben, käuflich zu sein?

Aber wie steht es um den Wert des Geld selbst, das uns als Äquivalent sämtlicher Dinge erscheint, mit denen wir in unserem Leben konkret etwas anfangen können? Wenn wir Banknoten, Münzen und Sparbücher betrachten, finden wir an ihrer materialen Gestalt nichts, was ihren Wert verbürgt. Nur Papier oder unedles Metall halten wir in Händen. Und doch ist es uns in seiner wertlosen äußeren Gestalt – selbst als etwas bloß Virtuelles, das wir per Kreditkarte von unserem Konto abbuchen – lieber als irgendein konkretes Ding, eben weil wir darauf vertrauen, dass wir es gegen Beliebiges eintauschen können (selbst, wenn wir dies niemals tun sollten, sondern das Geld unser Leben lang unter der Matraze oder auf der Bank horten). Auf diesem Vertrauen beruht das Funktionieren des Geldes. ==Auf der Übereinkunft, es als Äquivalent realer Dinge zu akzeptieren.==

Der Eindruck, dass Geld die Welt regiere, rührt daher, dass scheinbar alles in Geld ausdrückbar, in Geldverhältnisse übersetzbar ist. Näher besehen jedoch regiert das Geld nicht, sondern es ist ein Medium, ein Mittel, mittels dessen die Menschen Dinge aufeinander beziehbar, miteinander verrechenbar machen. ==Geld macht das Unvergleichbare vergleichbar.==

So betrachtet ist Geld etwas sehr Menschliches, etwas, das uns hilft, uns in der Welt zurechtzufinden, indem es sie vereinfacht. Ein Irrtum liegt nur da vor, wo wir diesem Medium zutrauen, wirklich restlos alles mit allem in Beziehung zu setzen – gemeinsamer Nenner aller Dinge zu sein. Dies vermag das Geld ebenso wenig wie die höchsten philosophischen Begriffe. Der Tod und das Leben zum Beispiel sind mit Geld nicht auszudrücken und nicht aufzuwiegen – sie können nicht in Geldverhältnisse übersetzt werden. Diese Einsicht erzieht uns zu Gelassenheit gegenüber der vermeintlichen Allmacht des Geldes. Und zu Nüchternheit gegenüber der Leistungskraft menschlicher Erfindungen.

A. U. S.

LEKTÜREVORSCHLAG:

Georg Simmel: Philosophie des Geldes [1900]. Hrsg. von David P. Frisby und Klaus Christian Köhnke = Gesamtausgabe, hrsg. von Otthein Rammstedt, Bd. 6. Frankfurt am Main ³1994.

Geht das Abendland unter?

Hallo,
beim Stöbern im Nachlass meiner kürzlich verstorbenen Eltern stieß ich auf zwei sehr dicke Bücher mit dem Titel »Der Untergang des Abendlandes«. Geschrieben hat sie vor mehr als 80 Jahren ein gewisser Oswald Spengler. Ich habe mich darin festgelesen und festgestellt, dass dieser Oswald Spengler unserer europäischen Zivilisation voraussagt, sie werde demnächst untergehen. Was ist an dieser Untergangsprophetie dran? Wenn man sich so in der Welt umschaut, muss man Spengler ja wohl Recht geben.
H. B.

Liebe(r) H. B.,
da haben Sie einen interessanten und verstörenden Fund gemacht. Ja, der Geschichtsphilosoph Oswald Spengler (1880–1936) vertrat die Auffassung, dass die »abendländisch-faustische Hochkultur« genau wie sieben vorangegangene Hochkulturen (von der ägyptischen bis zur »arabisch-magischen« und zur mexikanischen) gleich einem natürlichen Organismus einen Prozess des Werdens durchlaufen habe. Auf das Werden folgt bei Spengler unweigerlich das Verblühen, der Verfall: Die dynamische Kultur versteinert in unfruchtbarer Zivilisation und stirbt allmählich ab.

Spengler steht in einer langen Tradition von Propheten des Untergangs, die seit biblischen Zeiten alles oder doch zumindest das Eigene unweigerlich vor die Hunde gehen sehen. Jede Begebenheit – schlechte Schulleistungen so gut wie wirtschaftliche Miseren oder das Ausbleiben des lang ersehnten Frühlings – kann dann als Indiz des bevorstehenden Untergangs gelten.

Während Spengler die Geschichte als Abfolge voneinander unabhängiger, aber nach gleichem Muster entstehender und vergehender Kulturen deutet, betrachten manche seiner Gegenspieler die menschliche Geschichte als ein kulturübergreifendes Ganzes, dem eine gerade Verlaufsrichtung hin zum Besseren innewohne.

Es sind dies die Propheten des Fortschritts, denen jedes furchtbare geschichtliche Ereignis, auch der Untergang ganzer Kulturen, nur als Meilenstein auf dem Weg zu ganz aufgeklärten und beinahe himmlischen Zuständen auf Erden erscheint.

Den Propheten des Untergangs und den Propheten des Fortschritts gemeinsam ist der Anspruch, die Gesamtheit der Geschichte überblicken zu können. Philosophisch erhebt sich indessen die Frage, wie man einen solchen Anspruch begründen und rechtfertigen will: Wann haben wir genügend Belege für die These vom rapiden Niedergang oder vom kontinuierlichen Aufstieg, wenn wir doch immer nur einen ganz kleinen Ausschnitt der Geschichte überhaupt in den Blick zu nehmen vermögen? Was sind unsere Kriterien, nach denen wir beurteilen, ob irgendeine Entwicklung als Fortschritt oder als Rückschritt zu werten ist?

Das Problem aller Geschichtsphilosophien – gleichgültig, welchen Verlauf sie der Geschichte prophezeien – besteht darin, dass sie ihre Beglaubigung immer erst von der Zukunft zu erwarten haben. Und bis die Geschichte an ihr definitives Ende gelangt ist, bevor es also überhaupt nicht mehr weitergeht, steht diese Beglaubigung aus.

Womöglich empfiehlt es sich, solche Gesamtdeutungen der Weltgeschichte zu unterlassen und einfach nur zu fragen, wie wir so leben, dass unser Leben für uns einen Sinn macht. Einen Sinn macht sowohl für den Fall, dass die Welt untergeht, als auch für den Fall, dass sie es nicht tut.

A. U. S.

LEKTÜREVORSCHLAG:
Arthur Herman: Propheten des Niedergangs. Der
    Endzeitmythos im westlichen Denken. Berlin 1998.

Kein Religionsersatz

Sehr geehrter Herr Sommer,
in Ihrer Antwort auf meine Zuschrift (»Lob des Zweifels«) schreiben Sie, die Philosophie solle an allem zweifeln. Dies befriedigt mich nicht. Entzieht sich eine bloß zweifelnde Philosophie nicht ihrer gesellschaftlichen Verantwortung?
Hanns Karl F.

Lieber Andreas Urs Sommer,
Ihre Ausführungen über eine Philosophie, die nichts als zweifeln kann, haben mich erschreckt. Zweifelt die Philosophie denn auch an der Moral?
Cornelia A.

Lieber Herr F., liebe Frau A.,
vielleicht ist Philosophie gerade nicht dazu da, uns zu »befriedigen«, uns mit Wahrheiten und sicherem Wissen zu versorgen. Wer von der Philosophie verlangt, sie habe uns mit Wahrheiten zu versorgen, deren Eindeutigkeit uns helfe, ein besseres Leben zu führen, der überfordert und unterfordert sie zugleich heillos.
Philosophie sollte sich nicht als Hilfsdisziplin der diversen Wissenschaften verstehen, deren Begriffe sie klärt. Ebenso wenig ist sie Hüterin allgemeiner Moralvorstellungen. Im Gefüge der Wissenschaften macht sie nur dann einen Sinn, wenn es ihr gelingt, das für selbstverständlich Gehaltene immer wieder neu zu problematisieren. Ihre Fragen zielen aufs Ganze; mit ihren vorläufigen

Antworten fängt sie dieses Ganze freilich auch nicht ein, sondern beginnt immer wieder von vorn.

Daher gibt es vermutlich in der Philosophie auch keinen Erkenntnisfortschritt, wie man ihn in den einzelnen Wissenschaften finden mag: Während zum Beispiel die damals bahnbrechenden naturwissenschaftlichen Erkenntnisse des griechischen Philosophen Aristoteles für einen heutigen Biologen oder Physiker bestenfalls noch Kuriositätenwert haben, ist dem heutigen Philosophen das, was Aristoteles an philosophischen Problemen aufgeworfen hat, noch in hohem Maße bedenkenswert.

Philosophie verkörpert das kritische Gewissen der Wissenschaften. Dort, wo sie wegfällt, wo sie weggekürzt oder verboten wird, verlieren die Wissenschaften ihren Lebensfunken und erstarren in Dogmatismus.

Wie steht es dann um die »gesellschaftliche Verantwortung« der Philosophie? Schwerlich kann sie darin bestehen, den Menschen vorzuschreiben, was sie zu tun und was zu lassen haben. Philosophie ist kein Religionsersatz in einer säkularisierten Welt, die uns nun darüber belehrt, was wir für wahr zu halten haben, wenn die Theologie es uns schon nicht mehr verrät. Gesellschaftliche Verantwortung nimmt sie wahr, indem sie die Fragehorizonte offen hält, indem sie uns Spielräume des Denkens und Handelns zeigt. Spielräume, die uns in die Lage versetzen, unser Leben so zu führen, wie wir es selber für sinnvoll halten, damit wir lernen, uns über so genannte Sachzwänge hinwegzusetzen. Auch die Moral, das heißt die Werte, nach denen eine Gesellschaft oder ein Mensch sein Handeln- und Nicht-Handeln ausrichtet, gehört nicht in die Kontrollgewalt der Philosophie. Philosophie ist vielmehr dazu berufen, sich auch in Belange der Moral fragend einzumischen, anstatt felsenfeste moralische Sätze zu verkünden. Wenn man in »Ethik-Kommissionen«

Philosophen beruft, dann mit Vorteil nicht in der trügerischen Hoffnung, in ihnen Experten für das richtige Handeln zu finden. Vielmehr wären Philosophen hier als Problematisierungs-Spezialisten am Platz. Philosophie ist – wenn überhaupt für etwas – zuständig für den Abschied vom Selbstverständlichen. Sie ist kein Bedürfnisbefriedigungsunternehmen.

A. U. S.

LEKTÜREVORSCHLAG:

Sextus Empiricus: Grundriss der Pyrrhonischen Skepsis
  [um 200 n. Chr.]. Eingeleitet und übersetzt von Malte
  Hossenfelder. Frankfurt am Main ²1993.

Was ist der Mensch, wenn er isst?

Lieber Herr Sommer,
dass Essen zum Leben gehört wie die Luft zum Atmen, bestreite ich nicht. Muss darüber aber ständig diskutiert werden? In letzter Zeit empfinde ich es als fast »penetrant«, wie in meinem Umfeld, unter Freunden ebenso wie am Arbeitsplatz, übers Essen geredet wird. Und dies nicht nur unter meinen Freundinnen, bei denen es vor allem um den Austausch von Rezepten oder kulinarische Tipps und Tricks geht. Mich interessiert es überhaupt nicht, wer was auf dem Teller hat, wann beispielsweise eine Tupperware-Party mit Demonstration der neuesten Produkte veranstaltet wird oder jemand zum Raclette-Abend einlädt. Habe ich eine Neurose oder vielleicht die »falschen« Freunde? Ich esse eigentlich auch gerne etwas Gutes, finde es aber müßig, dass dieses Thema immerfort präsent ist. Gehört das einfach zu unserer Gesellschaft? Was meinen Sie dazu?
Marianne L.

Liebe Frau L.,
über Ihren Gesundheitszustand brauchen Sie sich keine Sorgen zu machen. Ihr Unwille, sich ständig auf Gespräche übers Essen einzulassen, zeugt nicht von einer asketischen Verachtung des Leibes und damit der Nahrungsmittel, die zur Erhaltung dieses Leibes nun einmal

unerlässlich sind. Sie sind einem guten Essen ja nicht abgeneigt. Wobei auch der Wille zum Verzicht noch keineswegs an sich »neurotisch« wäre. Ich fürchte freilich, dass sich Ihr Problem auch nicht lösen wird, wenn Sie sich andere Freunde suchen, denn das unentwegte Reden übers Essen scheint in den Wohlstandsgesellschaften alle sozialen Schichten erfasst zu haben.

Ihr »Problem« besteht im Kern darin, dass Sie dieses Reden mit philosophischer Distanz betrachten und sich fragen, was es über die Gesellschaften aussagt, die es pflegen. Gewiss sprechen alle Menschen, egal, welcher Gesellschaft oder welcher Kultur sie angehören, mitunter übers Essen. Bei vielen Menschen aber beschränkt sich dieses Sprechen darauf, ob sie für sich und ihren Nachwuchs überhaupt etwas Essbares auftreiben können. Der Gesprächsgegenstand, ob es Raclette statt Crevetten-Salat sein darf oder ob man einen Château Latour statt eines Brunello kredenzen soll, ist nur in ökonomisch saturierten Gesellschaften landläufig. Und diese Landläufigkeit scheint der Ausdruck eines sonderbaren Bedürfnisses zu sein: nämlich sich selbst und den andern seine Freiheit, die Freiheit seiner Wahl zu demonstrieren.

Erst wenn ich nicht mehr gezwungen bin, jeden Tag nur Reis oder nur Maniokknollen zu verspeisen, empfinde ich diese Freiheit der Wahl: Ich beweise mir, dass ich ein entscheidungsfähiges, freies Wesen bin, indem ich entweder den Crevetten-Salat oder das Raclette meinen Gästen vorsetze. Ich wähne mich durch meine Wahlfreiheit erhaben über die schiere physische Notwendigkeit der Nahrungsaufnahme. Diese scheinbar so freie Entscheidung muss vorher und nachher eingehend diskutiert werden, weil erst diese Diskussion mir die wahrhaft gewaltigen Dimensionen meiner Freiheit eröffnet: Ich hätte ja auch ein Rumpsteak braten oder eine Forelle filetieren können.

Aber was ist eine Freiheit wert, die bloß zwischen verschiedenen Gerichten und deren umständlicher Erörterung die Wahl lässt? Wenn Sie dem Reden über das Essen widerstehen, üben Sie sich in noch größerer Freiheit, nämlich derjenigen, auf dieses Reden ganz verzichten zu können. Damit stellen Sie auch leise in Frage, inwiefern sich in der Verpflegungswahl tatsächlich Freiheit äußere: Womöglich eine der letzten, ziemlich schäbigen Freiheiten, zu denen man in den so genannten freien Gesellschaften den Mut findet?

Was alles freilich nicht bedeutet, dass man mit der Wahl seiner Nahrung nicht auch ein wenig zum Ausdruck bringt, wer man ist. Auf den Philosophen Ludwig Feuerbach geht der Ausspruch zurück: »Der Mensch ist, was er isst.« Und seit der Antike ist Diätetik, die Lehre von der richtigen Ernährung, durchaus ein Thema der Philosophie, die sich bewusst zu machen begann, welchen Einfluss die körperliche Verfassung und somit auch die Ernährung auf den so genannten Geist, auf die Entstehung und Entwicklung von Gedanken haben. Essen kann also über die Frage der Verpflegungswahl hinaus sehr wohl Gegenstand interessanter Gespräche sein. Ermuntern Sie Ihre Freunde doch zu solchen Gesprächen!

A. U. S.

LEKTÜREVORSCHLAG:

Michel Onfray: Der Bauch der Philosophen. Frankfurt; New York ²1991.

Kultur ohne Gewalt?

Sehr geehrter Herr Sommer,
was auch immer die Propheten des Untergangs und des Fortschritts prophezeien (vgl. »Geht das Abendland unter?«), Kulturen gingen unter und werden untergehen. Neue werden auf ihren Trümmern errichtet. Dies scheint ein Kreislauf zu sein. Solange wir Menschen mehr an die Gewalt glauben als an die Gewaltlosigkeit, wird das so weitergehen. Der tiefste Wunsch jedes Menschen aber ist, sein Leben in Frieden und Gerechtigkeit leben zu können. Es ist ein Verbrechen, diesen Wunsch als nicht realisierbare Utopie zu missachten. Nur das ehrliche Bestreben, uns diesen Wunsch zu erfüllen, kann dem Leben einen Sinn geben. Er muss der Ausgangspunkt jeden Denkens werden. Solange das nicht der Fall ist, wird es nie eine Kultur geben, hat es nie eine gegeben (trotz all des Schönen, das sie schufen), welche diesen Namen verdient. Mahatma Gandhi, der Prophet der Gewaltlosigkeit, sagte: »Du musst selbst zu der Veränderung werden, die du in der Welt sehen willst.« Erst wenn alle Menschen die Gewaltlosigkeit so praktizieren wie gegenwärtig die Gewalt, kann es keine gewalttätigen Machthaber in Politik und Wirtschaft mehr geben, werden Kulturen geschaffen, die diese Bezeichnung wert sind.

Max S.

Lieber Herr S.,

Ihr Plädoyer für eine Kultur der Gewaltlosigkeit, die einzig und allein im eigentlichen Sinne des Wortes »Kultur« genannt zu werden verdiene, dürfte gerade in Zeiten des Krieges auf offene Ohren stoßen. Es klingt an die kulturphilosophischen Bemühungen Albert Schweitzers an, der unentwegt für eine Neubegründung der Kultur im Zeichen einer gewaltabstinenten Ethik der »Ehrfurcht vor dem Leben« warb: »Ethik ist ins Grenzenlose erweiterte Verantwortung gegen alles, was lebt.«

Gewiss ist richtig, dass sich die Menschen, wie Sie schreiben, den Frieden und die Gerechtigkeit wünschen. Andererseits ist gar nicht sicher, ob wir beide Dinge – Frieden und Gerechtigkeit – gleichzeitig haben können: Mitunter muss das, was wir für Gerechtigkeit halten, erkämpft werden gerade auf Kosten des Friedens, der dann bloß ein fauler Frieden ist, ein Frieden der Trägheit und Apathie. Aber die eigentlich entscheidende Frage scheint mir zu sein, wo denn Ihrer Meinung nach die Gewaltlosigkeit aufhört und die Gewalt anfängt. Gewiss werden wir als aufgeklärte Eltern ein Kind nicht schlagen, um es davon abzubringen, das ganze Olivenöl auf dem Küchenboden auszugießen und sich anschließend darin zu suhlen. Ist aber das laute Schelten, das künftigen Taten in ähnliche Richtung vorbeugen soll, nicht auch eine Form psychischer Gewaltanwendung, auf die wir als Eltern nur dann verzichten, wenn wir unser Kind völlig gewähren lassen. Solches Gewährenlassen wiederum scheint die Bereitschaft zur Gewaltlosigkeit bei unserem Kind nicht zu befördern.

Wie die Menschen »von Natur aus« sind, wird nie (gänzlich) herauszufinden sein, da sie unserer Beobachtung immer nur als sozialisierte Wesen gegeben sind. Dass sie »von Natur aus« zu Gewaltlosigkeit neigen, macht ein

Blick auf ihre nächsten Verwandten im Tierreich wenig wahrscheinlich. Der Appell, auf jegliche Gewaltanwendung zu verzichten, sollte sich daher besser nicht auf die fragliche, natürliche Friedensliebe des Menschen berufen, sondern eher auf seine ihn von tierischen Verwandten unterscheidende Vernunft. Sie erlaubt ihm die nüchterne Kalkulation, dass jede Gewaltanwendung mit dem erheblichen Risiko der Gegengewalt behaftet ist und daher besser unterbleibt. Um solche Überlegungen anzustellen, braucht man weder einer universellen Verantwortungsethik noch hehren Prinzipien unbedingter Pflicht zu huldigen. Indes ist nicht so ganz sicher, dass das, was unbestechlich nüchterne Kalkulation auf der Basis von Vernunft zu sein scheint, nicht selber das Produkt subtiler Gewaltanwendung, der Konditionierung und der Domestizierung ist: Denn wenn ich als Kind in der Olivenöl-Pfütze sitze, verstehe ich überhaupt nicht, was daran schlecht sein soll. Nur das Schimpfen meines Vaters trichtert es mir ein. Auch die Vernunft scheint der Zwänge zu bedürfen, um zur Räson zu kommen.

A. U. S.

LEKTÜREVORSCHLAG:

Albert Schweitzer: Kulturphilosophie I: Verfall und Wiederaufbau der Kultur [1922]. II: Kultur und Ethik [1923]. München 2000.

Die Seele als Auslaufmodell?

Sehr geehrter Herr Sommer,
seit einiger Zeit befasse ich mich mit dem Phänomen »Seele«. Durch die moderne Psychologie, Psychiatrie und Neurologie ist das Subjekt »Seele« zum Objekt »Psyche« mutiert (mit den entsprechenden Befindlichkeiten und Folgen). Nun bahnt sich eine »Rückkehr der Seele« an, so gibt es wieder Kurse und Bücher, in denen man sich mit dem Begriff »Seele« beschäftigt, zum Teil bewusst in Auseinandersetzung mit dem Begriff »Psyche«. Meine Frage: Was sagen Sie als Philosoph zum Begriff »Seele« und zu meiner These zur Entwicklung der Seele vom Subjekt zum Objekt? Es freut mich, wenn Sie dazu Stellung nehmen.
Hans R. M.

Lieber Herr M.,
wenn Sie heute einer Psychologin sagen, ihr Forschungsgegenstand sei die Seele, werden Sie meistens nur ein ratloses Schulterzucken zur Antwort bekommen: Es scheint, als sei jener Wissenschaft, die das griechische Wort für Seele im Namen führt, eben der Psychologie, der Gegenstand abhanden gekommen. Was die Psychologie zum Objekt hat, ist offenkundig nicht mehr mit dem deckungsgleich, was die philosophische Tradition (unter deren Fittichen die Psychologie sich erst etabliert hat) bei allen Meinungsverschiedenheiten als »Seele« zu bezeichnen pfleg-

te, nämlich ein zwar mit dem Körper verbundenes, aber von ihm als unabhängig gedachtes, häufig unsterbliches Lebensprinzip.

Streng unterschied in der neuzeitlichen Philosophie René Descartes (1596–1650) zwischen Körper und Seele als zwei voneinander vollständig getrennten Seinsbereichen und besiegelte damit alte griechisch-christliche Vorstellungen. Die Seele galt fortan als immaterielle Substanz, deren Verbindung zur körperlichen Welt mehr zufälliger, durch die Gesamtanlage der Schöpfung bedingter Natur war. Diese Vorstellungen von einer immateriellen, unsterblichen Seele, die unabhängig von einem Körper zu existieren vermag, verloren allerdings nach und nach ihre Plausibilität. Sie erschienen als etwas, was sich aller wissenschaftlichen Überprüfbarkeit entzog: Das, was man jeweils als Regung der Seele gedeutet hatte, zeigte sich immer nur als Regung eines bewegten, bestenfalls mit allerlei intellektuellen Fähigkeiten ausgestatteten Organismus, dessen Bewusstsein nun als Funktion dieses Organismus selbst gedeutet werden konnte. Was dann die moderne Psychologie zu ihrem Objekt machte, waren diese im weitesten Sinne »geistigen« Regungen des Organismus, seine Selbstwahrnehmungen, seine Selbstdeutungen, kurz, um mit Sigmund Freud zu reden, der »psychische Apparat«.

Und dennoch ist es, wie Sie mit Recht bemerken, gegenwärtig wieder große Mode, sich auf die Seele in ihrer alten Pracht zu besinnen. Ich spreche von »Mode«, weil ich nicht wirklich glaube, dass es gelingt, die durchaus sehr philosophische Kritik am traditionellen Seelenbegriff leichthin aus dem Weg zu räumen (wiewohl dieser Begriff nie im strengen Sinne widerlegt wurde). Wer noch von einer immateriellen, unsterblichen Seele sprechen will, muss zu viele Anleihen im Bereich des Unbeweisbaren machen, als dass er auf allgemeine Zustimmung hoffen könnte. Das gegenwärtig wieder populäre Reden von der Seele entspringt auch weniger philosophischer Grundlagenreflexion als vielmehr einem existenziellen Bedürfnis: Man braucht etwas, woran man sich halten kann, wenn man die Welt als kalt und »seelenlos« empfindet, wenn alles in Frage steht und in die Brüche geht.

Nur fragt es sich, ob die alte unsterbliche, immaterielle Seele für derlei Bedürfnisse eine geeignete Kandidatin ist, verlangt sie von ihren Getreuen doch zu viel intellektuelle Selbstpreisgabe. Worauf es ankäme, wäre nicht eine romantische und sentimentale Besinnung auf eine Seele traditioneller Bauart. Sondern vielleicht die Gewinnung von Seelenruhe, ohne weiter an die Körperunabhängigkeit, Immaterialität und Unsterblichkeit einer Seele zu glauben: Seelenruhe als Zusammenstimmen und stetes Ausgleichen aller einen Menschen ausmachenden Kräfte.

A. U. S.

LEKTÜREVORSCHLAG:

Gerd Jüttemann; Michael Sonntag; Christoph Wulf (Hrsg.):
 Die Seele. Ihre Geschichte im Abendland. Köln 2000.

Zur beständigen Flüchtigkeit der Liebe

Hallo, Herr Sommer,
mich beschäftigt eine Frage im Kontext Liebe und Beziehung: Liebe als etwas Flüchtiges, ein Moment des Ergriffenseins, als das Besondere und Einzigartige im Kontakt mit dem Du. Lässt sich dieses Etwas in einem Gefäß, in einer Struktur, in einer wie auch immer ausgestalteten Beziehung kultivieren, am Leben erhalten, vielleicht gar intensivieren, oder ist der Versuch, Liebe durch einen Rahmen einzufangen, bereits der Anfang ihres Endes? Vielen Dank für Ihr Nachdenken.
Alfred C.

Lieber Herr C.,
die Flüchtigkeit der Empfindung, die wir Liebe nennen, ist von den Philosophen der Vergangenheit gerne geleugnet worden. Sie hatten sich auf etwas festgelegt, was sie gemeinsam mit den Theologen »wahre Liebe« nannten und was sie für eine von aller Veränderung und Veränderbarkeit verschonte Form starker Hinwendung hielten, die die Welt im Ganzen bestimme – etwa die unverbrüchliche Liebe Gottes zu seiner Schöpfung oder die das All durchwaltende Kohäsionskraft aller Dinge.

Das Vertrauen in eine solche metaphysische Liebe, die die Welt im Innersten zusammenhält, ist dem modernen Menschen weithin abhanden gekommen; viel eher als eine mit dem Wort »Liebe« zu umschreibende, kosmische

Kohäsionskraft nimmt er zentrifugale Kräfte wahr, die das Dasein zu zerstückeln scheinen. So bleibt diesem modernen Menschen bei der Wahrnehmung der Liebe statt der festen Sicherheit unveränderlicher Liebesbeziehungen nur die Empfindung der Flüchtigkeit – womit er unversehens wieder da angelangt ist, wo die Philosophie im Nachdenken über die Liebe ihren Anfang nahm: nämlich bei den Dialogen des Platon, namentlich seinem *Symposion*, das in kontroversen Reden um das Wesen des Eros, das Wesen der intensiven, leidenschaftlichen Liebe kreist.

Dieser Eros ist nun nach der bei Platon nachzulesenden Darstellung des Sokrates (ca. 470–399 v. Chr.), der sich auf die Verlautbarungen der Seherin Diotima beruft, keineswegs ein strahlender, vollkommener Jüngling im Stile der späteren Konzepte metaphysischer Liebe, sondern vielmehr ein Wanderer zwischen den Welten, ein zwischen Begehren und Erfüllung Hin- und Her-Gerissener, ein ewig Unbefriedigter, ein Philosoph eben, dabei aber ein »gewaltiger Jäger« und ein »gewaltiger Zauberer, Hexenmeister und Sophist«. Die personifizierte Liebe muss bei Diotima und Sokrates mit ihrer eigenen Flüchtigkeit zu leben lernen; sie soll aber versuchen, das ewig Gute zu lieben und das ewig Schöne zu schauen, wodurch sich die Liebe trotz ihres scheinbar unbeständigen Wesens zum Unveränderlichen aufschwingt.

Derlei Aussichten aufs Unveränderliche sind dem Liebesdurstigen heute meist verschlossen. Dennoch nagt insgeheim die alte Hoffnung, trotz aller Flüchtigkeitserfahrungen verwandle sich das Einmalige und Unwiederbringliche auf wundersame Weise in etwas Beständiges. Keiner anderen Hoffnung gehorcht unser Wunsch, Liebe als »Beziehung« zu institutionalisieren. Jedoch kann eine solche Institutionalisierung unmöglich die Festschreibung oder gar die Verewigung der flüchtigen und gerade in ihrer Flüchtigkeit so wertvollen Liebeserfahrung bedeuten.

Wer das von einer »Beziehung« verlangt, überfordert sie. Was eine »Beziehung« zwischen zwei Menschen am Ende sein kann, ist eine Plattform, auf der immer wieder jene Momente möglich werden, sich einstellen dürfen, die als höchste Liebeserfüllung erlebt werden und gänzlich unwiederholbar sind. Beim Versuch, eine solche Plattform für sich und den anderen immer wieder neu zu schaffen, kann sich das entwickeln, was Liebe in einem nicht flüchtigen Sinn meint: eine auf Vertrauen gründende, durch keine Flüchtigkeiten irritierbare Zuneigung.

A. U. S.

LEKTÜREVORSCHLAG:

Platon: Symposion / Das Gastmahl [385 – 375 v. Chr.] (diverse
    Ausgaben und Übersetzungen).

Macht und Ohnmacht des Wissens

Sehr geehrter Herr Sommer,
ein Freudenschrei löste sich bei mir, als ich Ihren Brief »Lob des Zweifels« las. Endlich einer, der das viel gepriesene Wissen in Frage stellt. Auf meinem Lebensweg entdeckte ich recht viele Marksteine: in meiner Jugend die Fehlbarkeit der Eltern, bei der Ausbildung das Fehlen wirklich guter Pädagogen.
Zwangsläufig landete ich bei den Medizinern; hier merkte ich sehr schnell, dass es sich um den unwissendsten Berufsstand mit der größten Entlohnung handelt. Haben Sie auch schon mal versucht, beim behandelnden Arzt wissenschaftlich nachzufragen?
Fragen wir nach dem Sinn des menschlichen Wissens und betrachten gleichzeitig die animalische Stufe des Menschen, dann erhalten wir die Antwort auf die Frage nach dem Wissen. Es handelt sich dabei um einen Ersatz für die Aufgabe des Kleinhirns zugunsten des Großhirns unter gleichzeitigem Verlust des animalischen Instinkts. Weil durch diese Entwicklung die natürliche Kraft fürs Überleben sank, erfand der Mensch den Slogan »Wissen ist Macht« und konnte sich mittels Wissen im Machtkampf behaupten. Leider musste der Wissbegierige feststellen, dass er mit zunehmendem Wissen immer weniger weiß. Der Lernprozess geht somit

nie zu Ende, und das ist gut so, vor allem für diejenigen Schlaumeier, die das Wissen pachten, vermitteln und dabei noch Geld verdienen.

K. R.

Lieber Herr R.,
das Wissen, das Sie in Ihrem Brief präsentieren, müsste ich zur Prüfung Kundigeren überlassen und Ihnen, lieber Herr R., die Entscheidung anheim stellen, ob die Kundigkeit etwa der Gehirnphysiologen auch Wissen und Wissenschaft ist. Sie sprechen, bei allem Lob des Nichtwissens, dem Menschen ein Wissen zu, das ihn offensichtlich von anderen Lebewesen unterscheidet: Sie würden, wenn eine Kuh zu Tränke geht, ihr nicht das Wissen zubilligen, dass es dort auch Wasser gebe.

Was also sind die Kriterien, die erfüllt sein müssen, damit Wissen vorliegt? Wenn ich wie die Kuh etwas für wahr halte, muss ich – falls ich Wissen in der wissenschaftlichen Wortbedeutung in Anspruch nehmen will – mein Fürwahrhalten auf Begründungen stützen und der Überprüfung durch andere zugänglich machen. Wenn also die Kuh ihren Artgenossen (oder den Menschen) Gründe dafür darlegen kann, dass sie zur Tränke geht – etwa zu bedenken gibt, dass sie gestern und vorgestern an selbigem Orte frisches Wasser vorgefunden habe – und darüber hinaus dieses Fürwahrhalten der Überprüfung durch andere anheim stellt, könnte sie in Anspruch nehmen, über Wissen zu verfügen. Wissen muss überprüfbar und begründbar sein; zu diesem Zweck muss es sprachlich (oder auch formal sprachlich, zum Beispiel mathematisch) ausgesagt werden können. Und das ist, soweit wir das wissen können, Kühen nur sehr bedingt möglich.

Verständigen wir uns darauf, dass Wissen in diesem engeren Sinn nach unsrem Wissen nur menschlichen Wesen möglich ist. Da jedoch weder der Vorgang der Begründung noch derjenige der Prüfung an einem bestimmten Punkt als abgeschlossen gelten kann, ist unanfechtbares Wissen über Gegenstände der Erfahrung womöglich nicht zu bekommen und damit vom bloßen Fürwahrhalten nur graduell, nicht absolut unterschieden: Es lassen sich (fast?) immer Gründe finden, die der Begründung von Erfahrungswissen widerstreiten, und (fast?) immer gibt es Überprüfungen der Wissensansprüche, die diesen widersprechen oder doch zumindest widersprechen könnten.

Wenn wir diese skeptischen Erwägungen einmal beiseite lassen, so ist gewiss deutlich, welche Vorteile die Möglichkeit von Wissen im Selbstbehauptungsstreben der Menschen birgt: Weil man über (beschränktes) Wissen von der Vergangenheit verfügt, kann der Mensch Gegenwart und Zukunft zu Feldern seiner planenden Gestaltung machen. Die Beschränktheit dieses Wissens scheint allerdings eine Voraussetzung dafür zu sein, dass der Mensch überhaupt etwas tut. Was auch bedeutet, dass der Mensch, um überlebensfähig zu sein, nicht nur wissen, sondern auch vergessen muss. Die Macht des Vergessenkönnens ist ebenso stark wie die des Wissens. Vergessen ist auch Macht.

A. U. S.

LEKTÜREVORSCHLAG:

Jorge Luis Borges: Das unerbittliche Gedächtnis. In: ders.,
    Fiktionen. Erzählungen = Werke in 20 Bänden, Bd. 5,
    Frankfurt am Main 1992, S. 95–104.

Impertinente Fragen

Guten Tag, Herr Sommer,
es fällt mir auf, dass einem immer häufiger geschmacklose und vulgäre Fragen gestellt werden.
Beispiel: A: »Meine Mutter ist schon lange tot.«
B: »Woran ist sie denn gestorben?« A (bereits gereizt): »Sie hat sich das Leben genommen.«
B: »Warum?« (Man muss dazusetzen, dass A und B sich nur flüchtig kennen, das Beispiel ist auch nicht erfunden.)
Oder: Ich werde, in Anwesenheit meiner jetzigen Frau, gefragt, warum ich denn nicht mehr mit X zusammen bin.
Oder: Eine kinderloses Paar (beide um die 40) wird gefragt, warum sie keine Kinder haben.
Oder: Ich werde gefragt, wie viel mehr Geld ich jetzt auf der neuen Stelle verdiene und so weiter.
M. C.

Lieber Herr C.,
eigentlich könnte man sich über die Art von Fragen, denen Sie immer öfter begegnen, recht von Herzen freuen: Verraten sie denn nicht ein ungemeines Interesse am Schicksal und am Leben der Mitmenschen? Sind solche Fragen nicht ein Versuch, die Oberflächlichkeit alltäglicher Kommunikation zu sprengen und tief in die Geheimnisse des Gegenübers einzudringen? Wenn wir solche Fragen gleichwohl als impertinent, als unschicklich

empfinden – und womöglich trotzdem, wider Willen, auf sie antworten –, dann deshalb, weil wir das Recht darauf zu haben glauben, ein vorgeblich Eigenes vor neugierigen Blicken zu schützen.

Es liegt hier eine Kollision von Wertvorstellungen vor: Zum einen empören uns die zudringlichen Fragen, weil dem Frager die Berechtigung zu seinen Fragen zu fehlen scheint. Man mag diese Empörung für das Relikt einer alten aristokratischen Moral halten, derzufolge das vornehme Individuum niemandem Rechenschaft schuldig ist. Zum anderen stellen wir diese Fragen selber, weil uns eine im Gewand politischer Korrektheit auftretende Egalisierungsmoral das möglichst vollständige gegenseitige Transparentmachen und Transparentwerden gebietet.

Nun wäre es freilich kühn, wollte man den Bekenntnis-Exhibitionismus, mit dem in Talkshows Seelendramen ausgebreitet und die Schandtaten (der Nachbarn) auf großem Feuer geröstet werden, zum dominierenden Aspekt unserer sozialen und politischen Realität stempeln. Die Egalisierungsmoral, die etwa bei den Jakobinern oder in kommunistischen Systemen vorherrschend gewesen sein mag, bestimmt die westlichen Demokratien nicht im Kern, bleibt da doch der Gleichheit noch immer die liberale Idee des Rechtes auf das Eigene und damit auch des Rechtes auf Privatheit vorgeordnet. Während und weil trotz mancher Paparazzi-Exzesse eine große Zahl politisch (und erst recht ökonomisch) relevanter Entscheidungen unter Ausschluss der Öffentlichkeit getroffen werden, sucht sich die Egalisierungsmoral Orte jenseits des Politischen, an denen sie sich ausleben darf. Und Egalität, Gleichheit, kann scheinbar zwischen Menschen nur dann hergestellt werden, wenn der Eine Einblick in die Ab- und Hintergründe des Anderen erhält.

Wie kann man sich diesen Einblick leichter verschaffen als mittels impertinenter Fragen, auf die das Gegenüber, derart überrumpelt, auch noch antwortet, weil er oder sie in einen Rechtfertigungszwang manövriert wird? Auch wenn der Fragende faktisch dem Befragten nicht gleich ist – nicht so viel verdient, keine neue Frau hat und auch seine Mutter noch nicht verstorben ist –, gleicht er sich ihm doch an, indem er ihm seine Geheimnisse entreißt und sie künftig mit ihm teilt.

Die impertinente Fragerei ist Ausdruck jener vielbeschrieenen »Tyrannei der Intimität«, die aber gerade die gesellschaftlich relevanten Entscheidungen nicht unter ihre Kontrolle zu bringen vermag und sich mit Ersatzbefriedigung schadlos zu halten hofft: nämlich Mitmenschen zu tyrannisieren. Letztlich ist diese Fragerei eine verzweifelte Antwort auf die Erfahrung völliger Intransparenz, eisiger Undurchschaubarkeit der Welt, die wir bewohnen. Sie ist eine Flucht nach vorn, ein Versuch, Transparenz, Verstehbarkeit durch Frechheit zu erzwingen und sich dadurch mit der Welt ein wenig vertrauter zu machen.

A. U. S.

LEKTÜREVORSCHLAG:

Odo Marquard: Entlastungen. In: ders., Apologie des
   Zufälligen. Philosophische Studien, Stuttgart 1987,
   S. 11–32.

Zur Notwendigkeit von Grenzen

Hallo, Herr Sommer,
Ihre Aussage, dass die Philosophie uns nicht sagen kann, was wahr oder falsch ist (vgl. »Kein Religionsersatz«), stimmt nicht. Vor 22 Jahren haben L. und ich uns unter widrigsten Umständen das Ja-Wort gegeben; dabei hat sie mir ein kleines Büchlein geschenkt und hierzu Folgendes gesagt: »Peter, lies es, wenn du es begreifst, werden wir in 50 Jahren noch verheiratet sein … Außerdem hat es deinen Busenfreund Nietzsche auf seinem Weg zum Wahnsinn in einer schüchternen Bescheidenheit dazu gebracht, zu erkennen, was Glück ist!« Das kleine Büchlein war von Epikur: »Philosophie der Freude«. Aus aktuellem Anlass hier ein Hauptlehrsatz von Epikur: »Wer die Grenzen des Daseins erkannt hat, weiß, dass all das leicht zu beschaffen ist, was den Schmerz des Entbehrens austilgt und das ganze Leben vollkommen macht. Ihn verlangt also nicht nach Bemühungen, die nur Kämpfe mit sich bringen.«

Peter M.

Sehr geehrter Herr Sommer,
das Selbstverständliche in Frage zu stellen ist an sich schon fragwürdig (vgl. »Lob des Zweifels«). Verzweifelt derjenige, der an allem zweifelt? Macht das Sinn? Sinn ist eben nicht, man muss ihn machen. Man muss etwas annehmen, etwas als

Annahme gelten lassen. Auch Sie verhalten sich da nicht anders. Nehmen wir zum Beispiel Geld: Geld gilt und verschafft Geltung. Sogar Geldscheine scheinen Geld zu sein. Sie nehmen doch auch Geld an für das, was Sie schreiben, oder stellen Sie es in Frage? Jesuiten nahmen eine Voraussetzung an und bauten folgerichtig und diszipliniert via Exerzitien ihre Wissenschaft darauf und kamen damit so weit, dass sie dem Papst manchmal unheimlich wurden (Teilhard de Chardin). Auch bei Descartes ist das Prinzip nicht anders (vgl. »Die Seele als Auslaufmodell«). Annahme (und daran mochte er nicht mehr zweifeln): Ich denke. Folgerung: Also bin ich. Aber gilt das auch in umgekehrter Reihenfolge, denke ich, weil ich bin? – Denkste!

David Z.

Lieber Herr M., lieber Herr Z.,
Ihre beiden Briefe ergänzen sich auf eigentümliche Weise: Während Sie, Herr M., mit Epikur zur Selbstbegrenzung mahnen, die aus der Einsicht in die zeitlichen und räumlichen Grenzen des individuellen Daseins gewonnen ist, geben Sie, Herr Z., zu bedenken, dass auch zu Beginn des philosophischen Nachdenkens schon eine Grenze gezogen werden muss, dass wir von einem Bestimmten und nicht von einem Unbestimmten den Ausgang jeder Betrachtung nehmen. Sie beide argumentieren gegen jene Skepsis, zu der ich in den bisherigen Briefen eine Zuneigung habe erkennen lassen: Herr M. mit dem Hinweis darauf, dass die Philosophie sehr wohl sagen könne, was wahr und was falsch ist; Herr Z. mit Ausführungen darüber, dass auch Skepsis Voraussetzungen machen müsse, an denen sie nicht mehr zweifelt.

Die Kompetenz, die Sie, Herr M., der Philosophie zuschreiben, belegen Sie allerdings nur mit einem Zitat, das Ihnen das Wahre auszudrücken scheint, wobei es sich um das Wahre handelt, das *ein* Philosoph und nicht *die* Philosophie gefunden zu haben beansprucht, und das *Sie* für das Wahre halten. Damit ist aber kaum zu beweisen, dass es sich um das schlechthin Wahre handelt. Selbst bei formallogischen, also den denkbar abstraktesten philosophischen Operationen, lässt sich Wahrheit vermutlich immer nur in einem bestimmten Bezugssystem aussagen, nicht an sich.

Ihnen, Herr Z., gestehe ich gerne zu, dass auch ein skeptisches Philosophieren nicht ohne Voraussetzungen auskommen kann, dass es Grenzen ziehen muss. Nur hält es sich ständig im Bewusstsein, dass diese Voraussetzungen hypothetisch sind und keine »selbstverständlichen« Wahrheiten darstellen. So muss ein solches skeptisches Denken stets wieder zu seinen Voraussetzungen zurückkehren und sie nach ihrer Tauglichkeit aus jeweils gewandelten Perspektiven befragen. Skepsis anerkennt keine Voraussetzung als absolut, genauso wie sie keine Antwort als absolut anerkennt.

Ihrer beider Plädoyer für ein philosophisches Grenzbewusstsein halte ich für berechtigt. Ich denke, dass es ein sehr skeptisches Anliegen ist, auch insofern gerade die Begrenztheit des Daseins uns deutlich macht, dass wir für absolute Antworten keine Zeit haben. Keine Zeit, nach absoluten Antworten zu suchen. Begrenzung als Chance.

A. U. S.

LEKTÜREVORSCHLAG:

Epikur: Von der Überwindung der Furcht. Katechismus –
 Lehrbriefe – Spruchsammlungen – Fragmente.
 Hrsg. von Olof Gigon. München 1991.

Schönheit und Unglück

Lieber Herr Sommer,
ich entspreche absolut nicht dem gängigen Schönheitsideal und würde mich dennoch nicht unter das Messer eines so genannten Schönheitschirurgen legen, nur um das wegzuschnippeln, was einen unglücklich macht, wie etwa breite Nasenflügel oder so.
Können so kleine Makel einen Menschen wirklich so unglücklich machen, oder ist es das Unvermögen unserer Gesellschaft, damit leben zu können? Der Mehrheit dieser Menschen, die sich unters Messer legen, geht es ja finanziell so weit gut, sonst könnten die es sich gar nicht leisten.
Anita H.

Liebe Frau H.,
Ihr Brief spielt auf einen alten philosophischen Glaubenssatz an, dass nämlich Schönheit und Glück zusammengehören, sodass die Abwesenheit von Schönheit unweigerlich Unglück nach sich ziehen müsse. Allerdings standen die Philosophen, die diesen Glaubenssatz vertraten, jenen Dingen, die man gemeinhin als »schön« bezeichnet, hochmütig gegenüber: Wahrhaft schön sei nicht, was der Vergänglichkeit unterliege, sondern ausschließlich eine unvergängliche, geistige Idee des Schönen. Dem Griechen Platon zufolge sind alle schönen Dinge nur schön, insofern sie an dieser Idee des Schönen teilhaben; ihre Schönheit ist demnach eine geliehene, un-

eigentliche. Wer sich in der inneren, geistigen Schau mit dieser überirdischen Idee des Schönen – durch Maß, Symmetrie und Ordnung charakterisiert – vertraut mache, der könne gar nicht mehr unglücklich sein.

Sokrates, nach antikem Zeugnis ein Ausbund an Hässlichkeit, soll diese Hässlichkeit nie am Glück des Philosophierens gehindert haben. Nie hat er daran gedacht, sich seine krumme und platte Nase von einem Kurpfuscher gerade biegen zu lassen.

Eine alte philosophische Antwort auf die Zumutung äußerlicher Schönheit – eine Zumutung gerade denjenigen gegenüber, die nicht über sie verfügen – besteht also darin, solche äußerliche Schönheit für nichtig zu erklären. Daran erinnert noch die Kunst des Barock, die Frauen in ihrer schönsten Jugendblüte vom Tod anfallen lässt und dies ungeschminkt ins Bild setzt: Würmer, die aus dem offenen Bauch kriechen, Hautfetzen und Fleischstücke, die sich faulend vom Knochen lösen. Solche Darstellungen wirken heute obszön – weil wir die Gewissheit unvergänglicher Schönheit als Ersatz für vergängliche Schönheit nicht mehr mit unseren Ahnen teilen.

Die einzige Schönheit, die uns zu bleiben scheint, ist unwiderruflich irdisch und unwiderruflich vergänglich. Weshalb also sollten wir sie nicht so lange wie möglich zu erhalten trachten und dazu auch die technischen Mittel der modernen Chirurgie in Anspruch nehmen?

Die Philosophen haben sich im Laufe der Zeit freilich nicht nur den Glauben an die Unvergänglichkeit und Jenseitigkeit eines geistig Schönen abgewöhnt, sondern ebenso das Vertrauen darauf, dass Glück und Schönheit zusammengehören. So beschwört der italienische Futurist Filippo Tommaso Marinetti (1876–1944) im Jahr 1936 die Schönheit des Krieges: »Der Krieg ist schön, weil er das Gewehrfeuer, die Kanonaden, die Feuerpausen, die Parfums und Verwesungsgerüche zu einer Symphonie vereinigt.« Auch wenn der Futurist es nicht ausspricht: Erst die Abwesenheit von Glück macht solche Schönheit möglich. Wohingegen die Kunst und die Kunsttheorie der Avantgarde vielfach sowohl ohne Glück wie ohne Schönheit auskommen zu können meinten.

Mögen sich Philosophen noch so schwer tun mit einer von Maß, Symmetrie und Ordnung gekennzeichneten Schönheit, so bestimmen diese Begriffe doch die landläufige Vorstellung vom Schönen. Zu solcher Schönheit will ich mir verhelfen, wenn ich mir meine abstehenden Ohren fester am Schädel befestigen, die Falten auf meiner Stirn glätten und den etwas zu markanten Unterkieferknochen abschleifen lasse. Ob diese Anpassung ans Landläufige allerdings glücksträchtig ist, wird man bezweifeln: Denn die Angleichung an ein allgemeines »Ideal« raubt mir das Eigenste – und seien es auch nur meine abstehenden Ohren, meine Stirnfalten und mein zu markanter Unterkieferknochen.

Eine so genannte Schönheitsoperation könnte allenfalls dann Sinn machen, wenn sie mir hilft, mein Eigenstes, meine eigenste Schönheit zu gestalten und gerade nicht irgendwelchen Landläufigkeiten zu gehorchen. Vielleicht, indem ich meine adrett anliegenden Ohren von geschickter Chirurgenhand in abstehende verwandeln lasse. Glücksgarantien gibt es indes auch hier keine.

A. U. S.

LEKTÜREVORSCHLAG:

Michael Hauskeller (Hrsg.): Was das Schöne sei. Klassische Texte von Platon bis Adorno. München 1994.

Der Tod passt nicht mehr zum Leben

Sehr geehrter Herr Sommer,
ich bin über achtzig, habe die üblichen Altersbeschwerden und das Gefühl, ich hätte das Leben nun langsam gesehen. Bloß, wenn ich meinen Tod andeute, merke ich, dass meine Verwandten es nicht hören wollen, weil sie an mir hängen. Soll ich aufhören, über meinen Tod zu reden und mich bloß für mich allein damit beschäftigen, weil niemand über dieses Thema gerne spricht? Was empfiehlt die Philosophie?
J. M.

Liebe Frau M.,
die Erfahrung, die Sie beschreiben, scheint sich mit jenen Beobachtungen zu decken, die seit einigen Jahrzehnten Historiker, Soziologen und Philosophen veranlassen, von der »Verdrängung des Todes« zu sprechen und sie lauthals zu beklagen. In modernen westlichen Gesellschaften sei das Sterben in Krankenhäuser und Pflegeheime abgeschoben worden; die unabweisbare Tatsache des Todes werde in eine Wattewolke aus Scham eingepackt, aus der sie niemand ungestraft herausholen dürfe: Wer etwa öffentlich seine Trauer auch über den Tag der möglichst schnell und schmerzlos abzuhakenden Beerdigung hinaus laut kundtue, dessen Verhalten gelte als unschicklich. Wer nicht sehr bald einfach weiter »funktioniere«, nachdem ihn ein »Trauerfall« betroffen habe, der werde von »der Gesellschaft« ebenso allein gelassen wie der Ster-

bende, dessen »Einsamkeit« Norbert Elias in einem kleinen Büchlein (»Über die Einsamkeit der Sterbenden in unseren Tagen«, Frankfurt am Main 1982) eindringlich schildert. Solche Beobachtungen waren es, die Geoffrey Gorer schon 1955 vermuten ließen, statt der Sexualität sei der Tod das große Tabu der Gegenwart.

Erstaunlich ist dabei, wie offen in allen Talkshows und Leserbriefspalten über dieses vorgebliche Tabu gesprochen und gestritten wird, was sich doch wohl für ein Tabu nicht ziemt. Erstaunlich ist, wie wenig wir uns davon abbringen lassen, unsere sterbenden Angehörigen im Krankenhaus zu besuchen und ihnen später Stiefmütterchen aufs Grab zu pflanzen. Erstaunlich ist schließlich, wie unerbittlich uns täglich zahllose Tode medial ins Wohnzimmer geliefert werden, und zwar keineswegs nur wirkliches Sterben in Nachrichtensendungen, sondern noch mehr erfundenes Sterben, ausgedacht von Kriminal- und Horrorfilm-Drehbuchschreibern. Nichts und niemand zwingt die Drehbuchschreiber oder die Zuschauer, sich mit dem Sterben fiktiver Menschen abzugeben – und doch tun wir es alle, offenbar zu unserer bloßen Unterhaltung. Eine sonderbare Form von Verdrängung, sich das vorgeblich Verdrängte unablässig vor Augen zu führen!

Die These von der Verdrängung des Todes bedarf also der sorgfältigen Prüfung. Was mit dem Etikett »Verdrängung« versehen wird, ist ein veränderter Umgang mit dem Faktum des Sterbens und des Todes. Dieser veränderte Umgang zeigt sich im Verschwinden der alten, pathetischen Totenbräuche, zeigt sich in der Entzauberung des Todes, der nicht länger als metaphysischer Schreckensbote, ebenso wenig als Führer in ein besseres Jenseits daherkommt. War mit dem Eintreten des Todes früher alltäglich zu rechnen, macht ihn die moderne Medizin zu einem zwar noch immer unvermeidlichen, aber doch ganz und gar außeralltäglichen Geschehen.

Worauf es im Leben nun ankommt, ist das vom Tode möglichst unbehelligte, möglichst lange, möglichst leidensfreie Leben selbst, nicht mehr der gute, der christliche Tod. Wir sind ratlos geworden gegenüber dem eigenen Tod ebenso wie gegenüber dem Tod unserer Nächsten.

Dies dürfte der Grund sein, weshalb, liebe Frau M., Ihre Verwandten nichts von Ihrem Tod hören wollen – noch weniger vom etwaigen Wunsch, dem Leben ein Ende zu machen, wozu vielleicht jeder ein Recht hat. Der eigene Tod fügt sich nicht so zwanglos ins Bild des eigenen Lebens ein wie zu den Zeiten, als man ihn noch selbstverständlich als Übergang zum ewigen Leben begreifen konnte. Der Tod passt scheinbar nicht mehr zum Leben. Ist er nicht das schlechthin Sinnlose, über das wir nicht sprechen können?

Wir haben nicht mehr ernsthaft die alten, eingeschliffenen Phrasen zur Verfügung, mit denen wir den Tod gesprächsweise sozusagen in Schach zu halten vermögen. Jene Phrasen, die dem Sterben und dem Tod einen bestimmten Sinn zusprachen, klingen in unseren Ohren hohl und unaufrichtig. Was sollten Ihre Verwandten Ihnen also antworten, wenn Sie mit ihnen über Ihren Tod sprechen wollen? Ihre Verwandten können nicht mehr aufs Konventionelle zurückgreifen, sondern müssten anfangen, sich selber Gedanken zu machen – zum Beispiel darüber, dass das Leben womöglich erst in seiner Beschränktheit durch den Tod Sinn macht.

Ich möchte Sie, liebe Frau M., sehr dazu ermuntern, Ihre Verwandten weiter zum Reden über ihren und Ihren Tod zu bewegen.

A. U. S.

LEKTÜREVORSCHLAG:
Philippe Ariès: Geschichte des Todes. München ⁷1995.

Das Universum ein Lebewesen?

Lieber Herr Sommer,
ein Gedankenspiel hat mich in letzter Zeit ziemlich beschäftigt: Das Planetensystem hat in seiner Struktur eine gewisse Ähnlichkeit mit dem molekularen Aufbau unseres Körpers (und jeglichen Materials der Welt). Wäre es möglich, dass der ganze Weltraum mit seinen Planeten bloß wieder der atomare Aufbau einer anderen Schöpfung (eines Lebewesens) ist?

Lorenz M.

Lieber Herr M.,
ein faszinierendes Gedankenspiel unternehmen Sie da! Ein Gedankenspiel, das unser Dasein in einem Licht zeigt, in dem Selbstverständlichkeiten zerbrechen. Zunächst wirkt es nahezu beruhigend, denn würde die Strukturgleichheit oder doch zumindest Strukturähnlichkeit des unendlich Kleinen und des unendlich Großen nicht verraten, dass im Universum eine Ordnung waltet, die uns dieses Universum zurecht mit dem griechischen Wort für Ordnung als »Kosmos« bezeichnen lässt? Unser alltäglicher Unglaube würde scheinbar widerlegt, gelänge den Naturwissenschaften der Nachweis, dass allen Dingen von ganz klein bis ganz groß derselbe (mehr oder weniger) einfache Bauplan zugrundeliegt. Wo es einen solchen Bauplan gibt, kann auch, so die vermeintlich zwingende Schlussfolgerung, der Planer nicht weit sein. Wo es Ordnung gibt, da muss es auch einen Ordner geben. Diese

Schlussfolgerung von der planvollen Ordnung der Welt auf einen absichtsvollen Schöpfergott geisterte als so genannter Gottesbeweis durch die metaphysische Literatur der vergangenen Jahrhunderte.

Freilich hat diese Beweisführung viel an Glaubwürdigkeit eingebüßt, haben wir es doch in der Welt, in der wir leben, immerzu mit Dingen zu tun, die ebenso gut sein können, wie sie auch nicht sein können. Den uns bekannten Dingen und ihren Ordnungen wohnt also keine Notwendigkeit inne – eine Notwendigkeit, die wir, wenn wir einen Gott als Ordner annehmen, zumindest diesem Gott zuschreiben. Was aber beweist, dass Dinge, denen eine solche Notwendigkeit fehlt – die »kontingent« sind, wie die Philosophen sagen –, tatsächlich einen notwendigen Ordner als Ursache haben? Und ist darüber hinaus nicht das Chaos mindestens ebenso offensichtlich wie die Ordnung?

Das Projekt, aus der Ordnung der Natur, aus der Stufenleiter des Seienden einen Gottesbeweis ableiten zu wollen, ist also kein Unternehmen, von dem sich Philosophietreibende heute noch allzu viel versprechen. Und so ist es auch um die Widerlegung unseres alltäglichen Unglaubens nicht zum Besten bestellt. Selbst wenn das Universum geordnet sein sollte, bedeutet das nicht, dass diese Ordnung eine gewollte, eine sinnvolle, eine für menschliches Maß gemachte Ordnung ist.

Und spätestens da – jenseits der philosophischen Theologie – fängt Ihr Gedankenexperiment an, zu beunruhigen anstatt zu trösten. Wie müssten wir uns selbst verstehen, wenn wir Teil eines uns unbekannten, nach unseren Vorstellungen nur immens großen Lebewesens wären, das sich aus den Planetensystemen unzähliger Galaxien zusammensetzte, wie wir uns aus Molekülen zusammensetzen? Wir wären dann jenen Bakterien vergleichbar, die sich in unserer Mundhöhle, auf unserer Haut oder in unserem Magen tummeln, ohne je eine Ahnung davon zu bekommen, wo sie sich befinden und welche Funktion sie im menschlichen Organismus erfüllen, den sie bevölkern. Man darf vermuten, dass sie diese Frage auch kaum beschäftigt.

Uns jedoch macht die Vorstellung, bloße biochemische Funktionsträger in einem größeren Ganzen zu sein, von dessen Funktion wir ebenso wenig verstehen wie von seinem Sein, am Sinn unseres Daseins überhaupt irre. Denn wir versuchen gewöhnlich, unserem Dasein einen Sinn zu geben, der von unserem Tun und Lassen gesetzt wird und nicht durch eine funktionale Rolle in einem größeren Ganzen schon restlos vorgegeben ist. Wir sind gewohnt, uns als zwecksetzende, freie Wesen zu verstehen.

Wie, wenn unser Zweck im Funktionieren eines uns zumindest in seiner schieren Größe unendlich überlegenen Lebewesens schon vollständig vorgegeben ist und der Gebrauch unserer gefühlten Freiheit nichts an Gedeih und Verderb des großen kosmischen Lebewesens ändert? All diese Bedenken sind Ausdruck einer einzigen Angst, die den Menschen seit der Etablierung des kopernikanischen Weltbildes, das die Erde aus dem Mittelpunkt des Universums verbannte, immer weiter verfolgt: dass nämlich der Mensch, die Menschheit nicht im Mittelpunkt des kosmischen Geschehens stehen könnte. Zur Erkenntnis, dass er dort nicht steht, bedarf es keiner Destruktion von Gottesbeweisen – die den Menschen mit Ausnahme Gottes selbst zum höchsten Zweck gemacht haben. Es bedarf auch keiner spekulativen Gedankenspiele. Ein Blick in den sternenklaren Nachthimmel genügt. Er wirkt desillusionierend und heilsam.

A. U. S.

LEKTÜREVORSCHLAG:

Peter Sloterdijk; Thomas H. Macho (Hrsg.): Weltrevolution der Seele. Ein Lese- und Arbeitsbuch der Gnosis von der Spätantike bis zur Gegenwart. Zürich 1993.

Braucht das Bewusstsein ein Gehirn?

Lieber Herr Sommer,
selbstverständlich können mich Ihre Ausführungen (»Die Seele als Auslaufmodell?«) nicht restlos befriedigen, weil es – zum Glück – die Antwort nicht geben kann, erst recht nicht, wenn es um den Begriff »Seele« geht. Ich gehe intuitiv davon aus, dass der Mensch, seit es ihn gibt, bis auf den heutigen Tag, »seelisches Empfinden« hat. Das »moderne« Verneinen der »Seele« durch so genannte Beweise der Neurobiologie gleicht dem Verneinen der Musik mit dem Argument: »Musik gibt es nicht, weil das, was wir als Musik bezeichnen, nichts anderes ist als eine Abfolge physikalischer Ereignisse.« Warum aber entzückt mich immer noch eine Mozart-Symphonie? Mit diesem Beispiel wollte ich auf die Absurdität der »Seelenverleugnung« hinweisen und stelle fest, dass ich mir mit diesem Beispiel gleichzeitig einen »Seelenbeweis« geliefert habe: Ohne seelisches Empfinden würde ich wohl Musik als bloßes physikalisches Geräusch empfinden wie das Rattern einer Maschine.
Hans R. M.

Sehr geehrte Damen und Herren,
wären Sie in Ihrer Umfrage nach dem Forschungsgegenstand von Psychologen auf mich gestoßen, hätte ich, statt wie andere »ratlos mit

den Schultern zu zucken«, geantwortet, dass ich mich mit dem menschlichen »Gemüt« befasse. Die Seele hat nämlich, seit die Menschheit sich ihrer bewusst ist, eine Mutation mitgemacht. Laut Genesis von Gottvater eingehaucht und daher essenziell göttlich, wurde sie im Laufe der Evolution menschlichen Bewusstseins dem Überprüfungszwang unterzogen. Deshalb beschränke ich mich in meiner Arbeit mit Menschen auf das Gemüt. »Gemüter« sind weniger hehr, daher auch weniger anfechtbar, lassen sich, wenn es unbedingt sein muss, auch analysieren, werten und beschreiben. »Gemüter« sind ein ganz klein bisschen nostalgisch angehaucht, gerade so, dass es tröstlich und nicht vivisezierend wirkt.

Dr. Lorte L.

Sehr geehrter Herr Sommer,
Ihr Artikel »Seele als Auslaufmodell?« reizte mich als »Grufti« (geboren 1912), meinen ersten Leserbrief zu schreiben. Gott ist die Doppelkraft: positiv = aufbauend, negativ = abbauend. Das nie erklärbare Leben, für uns die »Seele«, ist ein »Gottesfunken«, bewusst nur für uns denkende Menschen. Die nicht denkenden Tiere leben voll in Gott, auch das von uns verkörperte »Raubtier«. Das ist das Wesentliche in meiner »Religionsersatzlösung«.

K. F.

Lieber Herr M., liebe Frau L., lieber Herr F.,
Sie alle wollen auf je ganz eigene Weise an der Seele, zumindest der Sache nach, festhalten, auch wenn Sie, Frau L., als Fachfrau, für das, was wir so bezeichnen, den weni-

ger pathetischen Begriff des Gemüts vorschlagen. Wie viel mit dieser Umbenennung gewonnen wird, wäre zurückzufragen. Auch das Gemüt ist ja keineswegs begriffsgeschichtlich unbelastet, und in unserem Sprachgebrauch scheint man mit dem Gemüt vor allem etwas Passives zu assoziieren, nämlich dasjenige, was Stimmungen und Eindrücken ausgesetzt ist. Der »Gemütlichkeit« haftet der Geruch von Lähmung an.

Das, was Sie alle der Sache nach offensichtlich meinen, ist demgegenüber etwas, was man (durchaus auch) als aktives Prinzip des Menschen oder von Lebewesen überhaupt beschreiben könnte, das, was sein Wesen ausmacht. Man könnte es neutraler »Bewusstsein« nennen.

Ich gebe Ihnen, Herr M., Recht, dass es töricht wäre, das Vorhandensein von Bewusstsein ganz einfach zu leugnen. Der bei manchen Naturwissenschaftlern verbreitete reduktionistische Materialismus, auf den Sie anspielen, hat starke Plausibilitätsdefizite: Er nimmt an, dass allein das Stoffliche wirklich sei und reduziert (daher »reduktionistisch«) die Bewusstseinsphänomene in der ganzen Bandbreite von Wahrnehmungen, Empfindungen, Gefühlen bis hin zu abstrakten Gedanken auf das Zusammenspiel bestimmter Gehirnbereiche. Die Reduktion bedeutet bei dieser Spielart des Materialismus aber nicht einfach, anzuerkennen, dass alle uns bekannten Bewusstseinsvorgänge eine materielle, neuronale Grundlage haben – also Bewusstsein ohne Gehirn noch nicht nachgewiesen worden ist. Sondern diese Reduktion bedeutet, dass Bewusstsein überhaupt nur als materielles Phänomen zu beschreiben und zu erklären sei – Bewusstseinszustände wären, wie man dies dann nennt, bloß »epiphänomenal«.

Dann würden beim Hören einer Mozart-Symphonie tatsächlich nur physische Einwirkungen auf Nervenzellen treffen; unser Wohlgefallen wäre ein wegstreichbarer

Nebeneffekt von Nervenreizungen. Wie aber sollte man in solchen reduktionistischen Kategorien nichtphysische Kausalverhältnisse erklären, zum Beispiel dass ich einen Gedanken verstehe, den Sie brieflich äußern? Das gelingt nur mit argumentativen Verrenkungen, sodass es plausibler erscheint, weiterhin das Vorhandensein eines zwar vom Körper nicht unabhängigen, aber doch partiell selbständigen Bewusstseins anzuerkennen.

A. U. S.

LEKTÜREVORSCHLAG:

Gilbert Ryle: Der Begriff des Geistes [1949]. Deutsche Übersetzung von K. Baier, bearbeitet von G. Patzig und U. Steinvorth. Stuttgart 1987.

Dürfen Schriftsteller denken?

> Guten Tag, Herr Sommer,
> auf Empfehlung meiner Buchhändlerin habe ich kürzlich den neuen Roman des schottischen Physikers und Schriftstellers Andrew Crumey gekauft. Er trägt den Titel »Rousseau und die geilen Pelztierchen« und versprach zunächst nicht mehr als gute Unterhaltung. Beim Lesen ist mir jedoch aufgefallen, dass dieser Romancier, wenn ich so sagen darf, in den Jagdgründen der Philosophie »wildert«, mit philosophischen Fragen spielt und philosophische Antworten parodiert. Was meinen Sie als »Philosoph vom Fach« zu solchen Grenzüberschreitungen und literarischen Popularisierungen? Sollten die Literaten nicht bei ihren Leisten bleiben und das Denken den »Profis« überlassen?
> *Antonia T.*

Liebe Frau T.,
Sie weisen mir in Ihrem Brief nicht nur die Aufgabe zu, die Grenze zwischen Belletristik und Philosophie zu bestimmen, sondern wünschen wohl auch eine Stellungnahme, wie ich Crumeys Wildereien auf philosophischem Terrain konkret einschätze. Ob ich mich da als Richter eigne?

Jedenfalls habe ich mir Crumeys jüngsten Roman besorgt und muss gestehen, dass mir solche Wildereien lieber sind als ganze Bibliotheken streng wissenschaftlicher

Sekundärliteratur. »Rousseau und die geilen Pelztierchen« kreist auf drei verschiedenen Erzählebenen um das mysteriöse Nachschlagewerk eines französischen Aufklärungsphilosophen namens Jean-Bernard Rosier – ein Text, der offensichtlich eine völlig neue Sicht auf die Welt, ja eine geistige Neuerschaffung der Welt nach den Gesetzen des Zufalls beabsichtigte. Nach dieser Enzyklopädie fahndet im ausgehenden 20. Jahrhundert ein sechsundachtzigjähriger, reichlich naiver Bücherfreund namens Mr Mee (so auch der englische Originaltitel des Romans). Am Ende findet er zwar das Buch nicht, ist dafür aber eingeweiht in die ihm bislang verborgenen Geheimnisse des Internets und der geschlechtlichen Liebe.

Zur selben Zeit gibt ein larmoyanter Literaturwissenschaftler, Professor Petrie, Rechenschaft über seine unerwiderte Liebe zu einer Studentin, die mit Mr Mee in nähere Berührung kommt. Dieser Petrie hat sein wissenschaftliches Lebenswerk zwei aus Jean-Jacques Rousseaus (1712–1778) »Bekenntnissen« bekannten historischen Figuren, Ferrand und Minard, gewidmet – nämlich dem Versuch, diese beiden merkwürdigen Gestalten als Ausgeburten von Rousseaus krankhaft paranoischer Phantasie zu entlarven.

Auf der dritten Erzählebene folgt der Leser Ferrand und Minard, die als Kopisten im Paris des 18. Jahrhunderts ein Auskommen zu finden versuchen und denen – Rosiers Enzyklopädie zum Kopieren überlassen (und später gestohlen) wird.

Was nun ist an einem solchen literarischen Verwirrspiel philosophisch? Nichts und alles. Man ginge fehl, wollte man einen philosophischen Kern im Sinne einer geschlossenen Theorie aus einem literarischen Werk destillieren. Gerade das kann ein literarisches Werk mit philosophischer Schlagseite nicht leisten – verfällt es darauf, ist es bloße Thesen-Belletristik, die normalerweise unverdaulich ist. Ich denke auch nicht, dass so genannte »schöne« Literatur als »Popularisierung« von Philosophie viel taugt. Aber sie kann zur Reflexion anstacheln.

Crumeys Werk ist insofern philosophisch, als es ihm gelingt, auf jeder Seite scheinbarer Unterhaltung heimlich den Lesern abgründige Fragen zuzustecken, die diese dann unentwegt und unbeantwortbar mit sich herumtragen: Was ist das für eine Realität, in der wir uns befinden? Sind die Realitäten, die uns die Literatur vorstellt, womöglich realer als die Realitäten, in denen wir gewöhnlich zu leben glauben? Crumey, als gelernter Physiker, spielt gerne mit Hugh Everetts »many world«-Interpretation der Quantenmechanik – eine Interpretation, derzufolge das Universum sich ständig in verschiedene Realitäten aufspaltet, von denen wir normalerweise nur eine einzige sehen. Fiktionale Literatur erweitert unser Blickfeld für die Vielfalt der Realitäten, wie es »theoretische« Literatur selten vermag.

Fiktionale Literatur darf alles, und insofern ist sie ein großartiges, leider zu häufig vernachlässigtes Experimentierfeld des Denkens. Sie schützt die Freiheiten des Denkens. Eindeutige und unüberschreitbare Grenzen zwischen Literatur und Philosophie gibt es womöglich nur für die Verwalter akademischer Besitzstände. Für die anderen Leser spalten sich die Realitäten von Philosophie und Literatur ins Uneindeutige und Fragwürdige auf.

A. U. S.

LEKTÜREVORSCHLAG:

Andrew Crumey: Rousseau und die geilen Pelztierchen.
  Roman. Aus dem Englischen von Peter Torberg.
  Köln 2003.

Gespensterfurcht und Daseinsangst

Lieber Andreas Urs Sommer,
ich möchte gerne wissen, was Sie von der Angst vor Geistern halten. Also von der Angst, einem Geist zu begegnen. Mich interessiert nicht eigentlich, ob Geister existieren oder nicht. Denn obwohl ich im nüchternen Zustand ihre Existenz verneine, kann mich in manchen Situationen die unheimliche Ahnung lähmen, dass jemand aus der Dunkelheit, der Vergangenheit oder gar aus dem Jenseits in meine Realität eindringen könnte. Es ist diese existenzielle Angst, mit der auch in einschlägigen Filmen und in der Literatur gespielt wird.
Niemand konnte mir sagen, was denn bei so einer Begegnung Schlimmes passieren würde. Die Angst scheint sich nur auf die unheimliche Erscheinung, die auf einen zukommen könnte, zu richten und nicht auf das, was dann passieren würde.
Obwohl einem da Bilder präsentiert werden, handelt es sich nicht um eine von Medien produzierte Angst. Es scheint mir vielmehr eine intime, persönliche Angst zu sein, die vielleicht in der Einsamkeit, vielleicht motiviert durch ein gewisses, ungewohntes Umfeld oder eine Stimmung entsteht. Ist dies eine Angst vor dem Ungewissen, eine Angst vor der eigenen Phantasie, vor Kontrollverlust oder vor der Erkenntnis, dass es Jenseitiges gibt?

Marcel B.

Lieber Marcel B.,

Ihr Brief gibt eine genaue Analyse jener Befindlichkeit, die Sie zeitweise befällt und die Sie mit gutem Grund nicht als bloße Furcht, sondern als Angst bezeichnen: Während die Furcht auf einen bestimmten Gegenstand gerichtet ist, der sie auslöst, und mich in meinem Dasein insgesamt nicht verunsichert, ist Angst allenfalls in zweiter Linie auf einen bestimmten Gegenstand bezogen – insofern Angst auch Furcht einschließt. Angst ist zumindest nach den Begriffen der Existenzphilosophie, die die Angst zur Grundbefindlichkeit menschlicher Existenz erklärt, ein so tief greifendes Gefühl, dass dadurch mein Dasein selbst in Frage gestellt wird – weniger durch äußere Bedrohung als durch eine innere Versuchung zur Selbstpreisgabe. Wenn Sie also statt von Gespensterfurcht von der Angst vor Geistern sprechen, bringen Sie zum Ausdruck, dass es auf die reale Existenz des Gegenstandes, auf den sich die Angst scheinbar bezieht, nämlich die Gespenster, gar nicht so sehr ankommt.

Selbst wenn man Ihnen unwiderlegbar bewiese, dass es Gespenster, also körperlose, aber doch körperlich erscheinende Geistwesen nicht geben könne – weil jede Manifestation von Geist etwas Körperliches, nämlich ein Gehirn zur Voraussetzung habe –, würde Ihr Gefühlshaushalt in den Momenten der Angst über solche Beweise achtlos hinweggehen und den Adrenalinausstoß kein bißchen senken.

Ohnehin werden Sie unwiderlegbare Beweise für die Nichtexistenz von Geistern kaum bekommen, da Nichtexistenz schwer zu beweisen ist: Sogar wenn in allen Fällen, wo bisher Geistererscheinungen bezeugt wurden, ein Betrug oder eine Sinnestäuschung nachgewiesen werden könnte, würde das noch nicht die prinzipielle Unmöglichkeit solcher Erscheinungen beweisen, sondern – bestenfalls – ihre hochgradige Unwahrscheinlichkeit. Und nicht einmal davon ließen sich Philosophen wie Arthur Schopenhauer (1788–1860) überzeugen, während Immanuel Kant (1724–1804) zwar nicht die Möglichkeit nichtmaterieller Wesen leugnet, jedoch ironisch meint, man könne nur anschauende Kenntnis der übersinnlichen Welt erlangen, »indem man etwas von demjenigen Verstande einbüßt, welchen man vor [= für] die gegenwärtige nötig hat«.

Aber all dies berührt den Kern der von Ihnen geschilderten Angst noch nicht – eine Angst, die eben schon da ist, längst bevor irgendwelche Gespenster auftauchen. Sie entzündet sich nicht an einer konkreten Realität, sondern an der unerschöpflichen und atemberaubenden Fülle von Möglichkeiten, wie eine solche Realität, nämlich die Realität eines Geistes, aussehen könnte. Sobald die Realität die Fülle der Möglichkeiten, wie die Realität sein könnte, einholt und sich als ein bestimmtes einzelnes Objekt zeigt, dürfte sich auch die Angst geistergleich verflüchtigen.

Das hat unnachahmlich Oscar Wilde in seiner Erzählung »The Canterville Ghost« (1887) vor Augen geführt, wo die ersten Begegnungen zwischen dem Schlossgespenst und den neuen amerikanischen Schloßbesitzern für beide Seiten in hohem Maße ernüchternd sind und schließlich nur noch das Gespenst um seine Existenz bangen lassen. Die Gespenster, vor denen wir uns ängstigen, sind das unberechenbar Andere – schiere Möglichkeit, die unsere Wirklichkeit bedroht, weil wir nicht über ihre Gestaltung und ihre Realisierung entscheiden können. Die völlige Unberechenbarkeit und Unkontrollierbarkeit dieser Möglichkeit ist es, was uns ängstigt und unser Dasein als schon realisiertes Dasein, als scheinbar fest gezimmerte Wirklichkeit radikal in Frage stellt.

Diese Infragestellung durch die Angst können wir auch als Chance begreifen, nämlich die versteinerte Realität zugunsten des Möglichen aufzuweichen. Etwa auch, indem wir die Angst kultivieren, wie beispielsweise Film oder Literatur es tun.

A. U. S.

LEKTÜREVORSCHLAG:

Arthur Schopenhauer: Versuch über Geistersehn und was damit zusammenhängt. In: ders., Parerga und Paralipomena [1851], Bd. I/1 = Werke in 10 Bänden. Zürcher Ausgabe, Bd. 7, Zürich 1977, S. 247–335.

Besänftigte Macht des Augenblicks

Lieber Herr Sommer,
Ihr Nachdenken über die Liebe als etwas Flüchtiges (»Zur beständigen Flüchtigkeit der Liebe«) hat mir geradezu aus dem Herzen gesprochen. Das Erleben von Nähe, Aufgehoben-Sein, Verstanden-Werden findet auch in meinem Leben nur für Momente statt. Die Sehnsucht, es möge doch ewig dauern, bleibt. Und doch geben diese Momente Kraft und Vertrauen. Wie leben Menschen, die nie solche Momente geschenkt erhalten? Begraben sie die Sehnsucht schon früh? Haben sie andere Möglichkeiten, einzigartige Momente zu erleben, die Kraft geben und sie weiter tragen?
Marie-Therese M.

Liebe Frau M.,
beim Lesen Ihres Briefes stellten sich Zweifel ein, ob ich mir wirklich wünschen sollte, die Augenblicke der Erfüllung währten ewig. Goethes Faust hat bekanntlich große Mühe, einen Augenblick zu finden, zu dem es sich zu sagen lohnte: »verweile doch, du bist so schön«. Befinde ich mich im Augenblick der Glückserfahrung, dann gebe ich mich dieser Erfahrung vollständig hin, und mir bleibt keine Zeit, darüber nachzudenken, ob ich seine Verewigung wünsche. Sobald ich mich das frage, gehe ich zur momentanen Glückserfahrung auf Distanz und beginne zu vergleichen, wäge ab, ob ich wirklich jetzt den Augenblick

größtmöglichen Glücks zu erleben im Begriff bin oder ihn schon erlebt habe oder womöglich erst erleben werde.

Mit derlei Erwägungen entferne ich mich von der momentanen Glückserfahrung, relativiere sie, finde ein Haar auch in der schmackhaftesten Suppe und eine hässliche Warze auch auf der Wange der geliebtesten Person – kurz, der Augenblick scheint mir plötzlich nicht mehr verewigungswürdig. Vergleichen wir Augenblicke mit anderen Augenblicken, ist der Augenblick bereits gestorben und zu Erinnerung geronnen, die wir zu anderen Erinnerungen ins Verhältnis setzen. Durch das Vergleichen wird die erschreckende und im Erleben selbst nicht zu beseitigende Einmaligkeit des Augenblicks aufgehoben. Erst der Umstand, dass der Augenblick des Glücks vorbeigeht – sei es, weil wir selbst im Nachdenken davon Abstand gewinnen, sei es, weil äußere Gegebenheiten das Ende herbeiführen –, macht ihn für uns in seiner Einmaligkeit erträglich.

Wenn der Augenblick, wie der dänische Philosoph Søren Kierkegaard (1813–1855) sich ausdrückte, dasjenige ist, »worin die Zeit und die Ewigkeit einander berühren«, mithin also erfüllte Gegenwart, folgt daraus nicht, dass man ihn in Ewigkeit verwandeln soll. Ich wäre einem ewig währenden Augenblick des Glücks nicht gewachsen. Ein solcher Augenblick würde mich erdrücken, würde – da er mich so ausschließlich, aber als passives, dem puren Erleben hingegebenes Wesen in Beschlag nimmt – meine Freiheit vernichten, spontan etwas anderes zu tun, und damit mich als Person. Zum Glück ist im Unterschied zu den Augenblicken des Glücks die Erinnerung an diese Augenblicke nicht mehr übermächtig, sondern relativ, vergleichbar. Erst dadurch, dass die Augenblicke des Glücks verschwinden, werden sie annehmbar. Erst dadurch sind es vielleicht Augenblicke des Glücks.

Das Glückhafte eines Augenblicks liegt womöglich in seiner Flüchtigkeit – mit seiner Dauerhaftigkeit könnte ich nicht umgehen. Zwar mögen glückhafte Augenblicke oder doch die Erinnerungen an solche Augenblicke mir Schwung und mitunter Vertrauen schenken, dass sich mein Leben lohnt. Aus solchen Augenblicken allein ist aber keineswegs abzuleiten, dass ich, wenn ich sie erlebt habe, mein Leben insgesamt als glückend beurteile. Im Gegenteil können die vergangenen Glücksmomente zur Quelle anhaltenden Verdrusses werden. Ich verbaue mir nämlich die Gestaltung der Gegenwart und die Aussicht in eine glückende Zukunft, falls ich mich an verflossenes Augenblicksglück klammere, ohne darin anhaltendes, neues Glück zu finden. Was nicht heißt, man solle das verflossene Augenblicksglück aus seinem Gesichtskreis verbannen und ihm keine Träne nachweinen: Wer sich auf die Suche nach der verlorenen Zeit des Glücks begibt, vermag sich anstatt melancholisch angesäuerten Verdrusses durchaus ein gutes Stück anhaltenden Glücks zu sichern, indem er die Glücksmomente erinnernd noch einmal durchlebt und sich dadurch von ihrem faktischen Verschwinden zumindest teilweise unabhängig macht. Darüber, ob ich mein Leben als gelingend betrachte, entscheidet nicht die Menge und Intensität der glücklichen Augenblicke, sondern die Kontinuität der das Leben bestimmenden Grundstimmungen und Grundhaltungen.

Ein letztes Wort noch zur viel beschworenen Exklusivität der Glückserfahrung in der »Begegnung mit dem Anderen«, also in den Euphorien der Liebe: Diese Exklusivität scheint mir eine romantisch-sentimentale Verklärung zu sein, können einem Augenblicke des Glücks doch zum Beispiel genauso im Rausch des Tuns, in dem man aufgeht, oder im Naturerleben widerfahren. Und selbst wenn solche Augenblicke ausbleiben sollten: Für ein gelingendes Dasein sind sie – wenigstens theoretisch – entbehrlich.

A. U. S.

LEKTÜREVORSCHLAG:

Annemarie Pieper: Glückssache. Die Kunst, gut zu leben. Hamburg 2001.

Sind wir einfach zu viele?

Lieber Herr Sommer,
sowohl die schweizerische als auch die weltweite Überbevölkerung produziert überall Tausende Probleme in Umwelt und Gesellschaft. Politik und Wirtschaft stehen diesem Phänomen völlig ratlos und ohnmächtig gegenüber. Milliarden von Dollar werden (kurzfristig gewinnbringend) in die Symptombekämpfung investiert ohne positive Vision; es reicht kaum noch zur Schadensbegrenzung. Jährlich produziert der Mensch 100 Millionen unerwünschter Schwangerschaften weltweit, und wir wachsen um 80 000 000. Dies haben wir der weit verbreiteten Macho-Mentalität und den drei orthodoxen Vermehrungsreligionen zuzuschreiben. In der Moderne leben zu wollen, zwingt uns, mittelalterliches Vemehrungsverhalten abzulegen: »Ersetzen statt Vermehren« kann allein den inflationär gebrauchten Begriff der Nachhaltigkeit erfüllen. Das Fordern und Fördern der freiwilligen Familienplanung geht über das endlose Wehklagen über die Symptome der Überbevölkerung hinaus und schafft sachte einen Silberstreifen am Horizont. Sicher, es ist ein hartes Stück Arbeit, dies gegen die große oben genannte Allianz der bewusstseinsarmen Menschen durchzusetzen, aber allemal lohnender als das ewige Feuerlöschen, wenn wir hilflos den Katastrophen hinterherrennen. Würde es sich

nicht lohnen, dies auch philosophisch etwas zu vertiefen?

Dr. Peter M.

Lieber Herr M.,
die philosophische Vertiefung zu Ihrem Plädoyer hat vor etwas mehr als zweihundert Jahren der englische Ökonom und Bevölkerungstheoretiker Thomas Robert Malthus (1766–1834) in seinem »Essay on the Principle of Population« geliefert. Darin vertrat er die später berühmt-berüchtigte These, dass die Bevölkerung die Neigung habe, schneller (nämlich in geometrischer Progression) zu wachsen als die zu ihrem Unterhalt erforderlichen Mittel (die nur einer arithmetischen Progression unterliegen). Vor pessimistischen Prognosen schreckte Malthus nicht zurück: Entweder übten sich die Menschen in sexueller Enthaltsamkeit, oder aber die sich unkontrolliert vermehrende Menschheit werde unfehlbar durch Hungersnöte und Kriege dezimiert. Man verfalle einem Trugschluss, so Malthus, wenn man glaube, die Nahrungsmittelknappheit durch Armenfürsorge überbrücken zu können. Im Gegenteil: Die Probleme würden durch derlei karitative Symptombekämpfung nur noch verschärft.

Als Nicht-Ökonom und Nicht-Sozialwissenschaftler bin ich schwerlich dazu berufen, die Gültigkeit von Malthus' These zu überprüfen. Zwar entnehme ich der einschlägigen Literatur, sie sei längst widerlegt, und eine gerechte und vernünftige Verteilung der Nahrung würde alle Bewohner des Planeten mehr als hinreichend ernähren. Diese Gegenbehauptung muss ich aber ebenso dahingestellt lassen; immerhin fällt auf, dass Malthus' These etwa in den düsteren Vorhersagen des »Club of Rome« über die Grenzen des Wachstums wiederkehrt.

Während Sie in Ihrer Herleitung des Überbevölkerungsproblems Faktoren geltend machen, die in den Mentalitäten der Menschen, ihren »Weltanschauungen« gründen (»Macho-Mentalität«, »drei orthodoxe Vermehrungsreligionen«), führt Malthus eine quasibiologische Entwicklungslogik zur Erklärung an. Diese Erklärung hat für mich als Laie den Vorteil, dass sie beim weltweiten Bevölkerungswachstum nicht auf kulturspezifische Gesichtspunkte zurückgreifen muss, andererseits jedoch den Nachteil, dass sie offensichtliche Differenzen zwischen der Bevölkerungsentwicklung in einzelnen Weltteilen nicht abdeckt.

Ihre Erklärung scheint mir wiederum zu einseitig: Es waren und sind ja gerade Gebiete, die nicht von den »drei orthodoxen Vermehrungsreligionen« – ich nehme an, darunter verstehen Sie Judentum, Christentum und Islam – dominiert werden, etwa das hinduistische Indien oder das konfuzianistisch-maoistische China, die von besonders starkem Bevölkerungswachstum betroffen sind oder waren. Und ist die Stagnation des Bevölkerungswachstums in Westeuropa und in den USA etwa darauf zurückzuführen, dass die westeuropäische und die amerikanische Gesellschaft der »Macho-Mentalität« und dem Christentum abgeschworen hat? Doch wohl eher darauf, dass ein hoher Wohlstand und erhebliche soziale Sicherheit die Anschaffung von Kindern zwecks Altersversorgung überflüssig machen.

Mir scheint, dass das Bevölkerungswachstum vielerorts nicht die einzige Ursache, sondern eine von mehreren Bedingungen für globale Probleme, wie zum Beispiel die ökologischen, darstellt. Weniger das schiere Faktum der Vermehrung führt zu gravierenden Umweltzerstörungen, sondern die Tatsache, dass die meisten Menschen ein Recht darauf zu haben glauben, mit den natürlichen

Ressourcen so verschwenderisch umgehen zu dürfen, wie wir Europäer es tun. Malthus würde vielleicht sagen, es sei ein Glück, dass sie über diese Ressourcen nicht verfügen. Wenn wir die Bereitschaft zum Verzicht auf ungehemmte Fortpflanzung fordern, täten wir gut daran, bei unserem Umgang mit den begrenzten Ressourcen ebensolchen Verzicht zu üben. Es hilft nichts, wenn wir uns bei der Vielzahl der Probleme einreden, die Überbevölkerung sei das einzige Problem, das wirklich zähle.

Und was hat Philosophie mit alledem zu tun? Sie steht womöglich, wie der Philosoph Heinrich Meier einmal ausgeführt hat, in einem unauflöslichen und ursprünglichen Spannungsverhältnis zur menschlichen Gemeinschaft, die Gewissheiten brauche, während die Lebensform der Philosophie das unablässige Fragen sei. Entsprechend steht diese Lebensform stets unter gesellschaftlichem Legitimationsdruck, weil sie die Gewissheiten der Gemeinschaft torpediert. Auch die Gewissheit, welche Probleme die wirklich wesentlichen sind.

A. U. S.

LEKTÜREVORSCHLAG:
Heinrich Meier: Warum politische Philosophie? Stuttgart; Weimar 2000.

Mieter im eigenen Leben?

Lieber Herr Sommer,
herzlichen Dank für Ihre Ausführungen »Zur beständigen Flüchtigkeit der Liebe«. In einer Zeit der Auflösung fühle ich mich plötzlich ein klein wenig verstanden oder zumindest ==meine Bemühungen== in eben diese Richtung als nicht ==gänzlich verillusioniert abgetan.== Ich rede lieber von Begegnung als von Beziehung, denn man begegnet sich selbst und dem anderen. Beim Versuch, eine solche Plattform zu schaffen, kann die dazu notwendige Freiheit zu einem Sich-Verirren führen. Respekt und Achtung vor den Eigenheiten eines Menschen, vor der Geschichte und dem Versuch, die eigene und die des anderen kennen zu lernen oder bestimmte Kapitel zusammen zu schreiben, würden das Leben erst spannend und interessant machen. Doch es scheint, als fehle hierfür die Zeit. Als wäre immer irgendwo etwas Besseres zu erwarten, als müsste man sich rein halten für die Traumfrau, den Traummann. Hierbei wird man zum Mieter im eigenen Leben, weil man wohl verweilt, aber jederzeit kündigen kann, sich niemals einrichtet, sondern die Tür immer halb offen lässt. Die Leere, die daraus entstehen kann, ist Grund genug weiterzuziehen.
So besteht die Gesellschaft heute aus vielen halb fertigen oder halb angefangenen Plattformen,

die wie Mahnmale zwischen den Menschen stehen. Es fehlen der Mut und die Neugier und das Engagement: Was haben wir denn zu verlieren, wenn wir mal über das Unverbindliche hinausgehen, um nach etwas Tieferem zu suchen? Manchmal frage ich mich, ob zwischen Mann und Frau eine solche Plattform erreichbar ist, denn die Jäger werden zu Gejagten, das heißt: zum Wild, und dieses lässt sich bekanntlich nicht festhalten, auch dann nicht, wenn das Festhalten eine rein emotionale Sache ist (das Wissen um Vertrauen, das Wissen um einen Platz, wo man »zu Hause« sein kann, von wo man sein Leben startet, vielleicht weit weg fährt, aber weiß, man könnte da jederzeit wieder den Kopf hinlegen). Wie dem auch sei, Ihr Schreiben hat mich getroffen, weil es ausdrückt, was ich schon lange zu erklären versuchte und die Worte dazu nicht fand oder vielleicht auch nicht verstanden wurde. Dies verunsichert und man zweifelt an seinen eigenen Werten, nun steckt da wieder eine Kerze in meinem Gedankendschungel, und so findet sich auch wieder ein Weg.

Christina M.

Liebe Frau M.,
mir gefällt Ihre Metapher, dass wir, schieben wir wesentliche Entscheidungen unausgesetzt vor uns her, uns in unserem Leben bloß als Mieter einrichten, mit der ständigen Option, morgen wieder auszuziehen, anstatt dauerhaft in diesem Leben heimisch zu werden. Unheimlich, aber bestechend finde ich das Bild von den angefangenen oder halb fertigen Plattformen, die wie finstere Mahnmale zwischen den Menschen ragen.

Ein düsteres Panorama zeichnen Sie damit vom Zustand der von uns zwar bewohnten, aber von uns nicht wirklich anerkannten und angeeigneten Welt: eine von (Bau-)Ruinen menschlicher Halbheit und Unentschlossenheit übersäte, von Eis und Kälte starrende Landschaft. Sie machen auch Gründe dafür aus, dass wir uns auf den konkreten Anderen nur halbherzig einzulassen vermögen, hauptsächlich nämlich, weil wir von der Wunschvorstellung des Traummannes oder der Traumfrau so gebannt seien, dass sie unsere Aufmerksamkeit von den Menschen abziehe, denen wir in der Realität gegenüberstehen.

Da die Realität der Wunschvorstellung auf keinen Fall genügen kann, stehlen wir uns, so lese ich Ihren Brief, aus der Verantwortung für den konkreten Anderen, für die konkrete, uns gegebene und von uns mitgeschaffene Mitwelt.

Ihre verantwortungsethischen Forderungen, liebe Frau M., klingen unerbittlich. Jeder leise Vorbehalt gegenüber dem faktisch Gegebenen, jedes Aufschieben von Entscheidungen könnte so als Ausdruck schierer Feigheit erscheinen. Demgegenüber möchte ich den Vorbehalt, die Zurückhaltung bei der Entscheidung über erste und letzte Dinge gerne ein wenig in Schutz nehmen – und zwar gerade in Schutz nehmen als eine Lebenseinstellung, die jene Achtung und Behutsamkeit vor dem Dasein des Anderen, seiner Geschichte, seinen Eigenheiten, walten lässt, die Sie einfordern.

Die Orientierung am Idealen, an dem gemessen die erfahrbare Wirklichkeit stets minderwertig erscheinen muss, braucht nicht in Verachtung des Konkreten umzuschlagen, sondern kann sich auch als entschiedener Wille ausmünzen, eine Wirklichkeit zu formen, die dem Idealen eher entspricht – was nicht bedeutet, dass man seinen

Traumpartner aus der genetischen oder gedanklichen Retorte hervorzaubern soll.

Und überdies gibt es vielleicht so etwas wie ein Recht auf Entscheidungsabstinenz, auf Lebensfragen-Beantwortungsverzicht – ein Recht darauf, sich in einer unfertigen, flüchtigen Welt stets eine Option offen zu halten. Etwa die Option, eigene Entscheidungen zu revidieren, unter Inkaufnahme der bei halb geöffneten Türen unvermeidlichen Zugluft. Freilich ist auch die Entscheidung für Entscheidungsaufschub und Entscheidungsverzicht eine Entscheidung.

A. U. S.

LEKTÜREVORSCHLAG:
Robert Musil: Der Mann ohne Eigenschaften. Roman [1930/52], hrsg. von Adolf Frisé. Reinbek 1981.

Lohnt es sich, ein guter Mensch zu sein?

Sehr geehrter Herr Sommer,
ich bin eine 21-jährige Studentin und habe in letzter Zeit viel über die Sinnhaftigkeit des menschlichen Daseins nachgedacht. Dabei stellte sich mir zwangsläufig die Frage, ob es sich in der heutigen Welt überhaupt noch lohnt, ein »guter« Mensch zu sein, oder ob es sich mit Scheuklappen nicht bedeutend angenehmer durchs Leben gehen lässt. Glauben Sie nicht auch, dass Wissen uns verpflichtet? Dass wir Verantwortung gegenüber anderen tragen sollten oder müssten? Doch heute ist es anscheinend schon rufschädigend, ein »Gutmensch« zu sein. Ich werde trotzdem weiterhin meinen WWF-Jahresbeitrag einzahlen und halte mich an Bertolt Brecht, denn »es muss ein guter (Schluss) da sein, muss, muss, muss!«
Sarah J.

Liebe Frau J.,
ob es wohl je eine Welt gegeben hat, in der es sich »lohnte«, ein »guter Mensch« zu sein? Seit gut 2500 Jahren ist unter Philosophen nicht nur umstritten, was »gut«, sondern auch, was der Satz »Gutsein lohnt sich« bedeuten könnte. Lohnt es sich, weil man dafür eine Gegenleistung bekommt – beispielsweise das Gutsein der anderen Menschen oder das ewige Leben als Ausgleich für die irdische Anstrengung? Oder lohnt sich Gutsein vielmehr, weil es

in sich schon das erreichte und vollendete Lebensglück birgt – weil Gutsein ganz einfach Spaß macht? Oder ist sogar die Vorstellung unzulässig, dass Gutsein sich zu lohnen habe, weil das Gute nämlich um seiner selbst willen getan werden soll, gänzlich ungeachtet des Umstandes, ob der oder die Handelnde dafür belohnt wird oder nicht?

Die erste der drei genannten Antwortstrategien dürfte in allen Kulturen am weitesten verbreitet sein; sie findet sich etwa in der uralten, »Goldene Regel« genannten Lebensmaxime, deren sprichwörtliche Formulierung lautet: »Was du nicht willst, das man dir tu', das füg' auch keinem anderen zu« (Buch Tobias 4, 16). Ins Positive gewendet, heißt das: Ich handle gut, weil ich wünsche und erwarte, dass der andere ebenso gut handelt (vgl. Matthäus 7, 12). Mein Gutsein ist also nicht uneigennützig, sondern rechnet mit Gegenseitigkeit – zählt darauf, dass ich für mein Gutsein früher oder später etwas zurückbekommen werde. Auch trendige Naturalisierungsversuche der Moral stehen auf dem Boden dieser ersten Antwortstrategie: Wenn es in meinem Gencode gespeichert sein sollte, dass ich Gutes tun soll, täte ich das (unbewusst?) nur, weil es dem Überleben meiner Gene oder meiner Spezies diene, also eine Gegenleistung erfolge. Die unbewiesene metaphysische Annahme hinter dieser vorgeblich rein naturwissenschaftlichen Moral-Theorie lautet: Das Gute zahlt sich tatsächlich aus; es ist mit dem Nützlichen identisch.

Die zweite Antwortstrategie, die etwa bei Sokrates und bei den Stoikern erprobt wurde, besagt, dass Gutes tun und Belohnung in eins fallen – dass jeder gute Mensch notwendig ein glücklicher Mensch sein müsse. Dafür freilich finden wir alltäglich wenig Anhaltspunkte und wir müssen unser Glück ins rein Geistige verlegen, damit keine äußeren Einflüsse und Schicksalsschläge ihm etwas anhaben können.

So bleibt die dritte, schroffste Antwortstrategie, die das Gute völlig von der Ökonomie, der Tauschgerechtigkeit abkoppeln will und verlangt, das Gute solle um seiner selbst willen getan werden, ganz unabhängig davon, ob es in jedem Fall »etwas bringt«. Wir tun nicht Gutes, weil es uns Spaß macht oder weil es uns auf lange Sicht selbst zugute kommt, sondern weil es unsere Pflicht ist. Eine Pflicht, die wir uns, wie Immanuel Kant ausführt, als vernünftige Wesen selbst auferlegen. Moralisch gut wäre nach Kant gerade das, was unseren Neigungen und Wünschen widerstreitet. Das, was wehtut.

Im mutigen »Trotzdem« Ihres letzten Satzes, liebe Frau J., scheint sich die Bereitschaft anzudeuten, das Gute ungeachtet möglicher diesseitiger und jenseitiger Belohnungen zu tun. Niemand nötigt Sie, sich dabei auf eine der drei Antwortstrategien festzulegen. Schließlich haben wir ja erst die Vorfragen zum entscheidenden Problem berührt, was nämlich gut und was böse sei. Es macht den Glanz und das Elend der Philosophie aus, sich stets in den Nachfragen und den Vorfragen des Lebens zu verheddern. Und uns weder das Wählen noch das Gehen eines Lebensweges abzunehmen.

A. U. S.

LEKTÜREVORSCHLAG:

Bernard Williams: Der Begriff der Moral. Eine Einführung
　　in die Ethik [1972/76]. Übersetzt von E. Bubser.
　　Stuttgart 1998.

Die Dinge auf den Begriff bringen

Sehr geehrter Herr Sommer,
Sie sagen (in »Zur Notwendigkeit von Grenzen«),
dass auch das skeptische Denken, um sich nicht zu
verlieren, nicht darum herumkomme, sich
Axiome zu setzen. Dass es diese hypothetischen
Voraussetzungen selber immer wieder in Frage
stellt, ist löblich.
Was mich aber beunruhigt, ist die Rolle der
Terminologie. Durch diese Hintertür schleicht,
wie mir scheint, oft genug als undeklarierte
Voraussetzung in ein Gedankengebäude, was erst
noch bewiesen werden müsste. Da die
sprachlichen Begriffe allgemein benutzt werden,
wird vorausgesetzt, dass deren Bedeutung bekannt
sei. Worte sind aber, je populärer sie sind, desto
mehrdeutiger. Die Redlichkeit würde eigentlich
verlangen, Begriffe jeweils zu definieren, wenn sie
in einem bestimmten Zusammenhang verwendet
werden, oder wenigstens klarzustellen, in welchem
Sinne sie gemeint sind.
Doch woher stammen dann die Begriffe der
Definition? Kann Philosophie nach Ihrer Ansicht
(und will sie das überhaupt?) die nicht
deklarierten Voraussetzungen ihrer eigenen und
anderer Konstrukte zeigen und damit deren
ideologischen Charakter – die bewussten oder
unbewussten gesellschaftlichen Absichten und
Verwendbarkeiten – sichtbar machen? Da Sie als

Skeptiker die allgemeine Gültigkeit von Wahrheiten relativieren, dürfte eine von gesellschaftlichen und anderen Umständen unabhängige »reine Wissenschaft« für Sie sicher keine reale Alternative sein. Oder täusche ich mich?

Andreas F.

Lieber Herr F.,
die Beunruhigung, die Sie umtreibt, ist eine der wesentlichen Quellen, aus denen sich ein skeptisches Philosophieren nährt: Wie kann es sein, dass bei all den Worten, die um uns tosen und die wir selber kräftig vermehren, das einzelne Wort noch etwas Bestimmtes bedeutet? Sobald wir anfangen, es in seinem Gehalt näher zu bestimmen, nehmen wir Zuflucht zu anderen Worten, deren Gehalt wir nicht bestimmt haben oder zu deren Bestimmung wir das Wort bräuchten, das wir doch eigentlich erst bestimmen wollten. Und was unterscheidet den Begriff vom bloßen Wort? Was ist der Begriff des Begriffs?

Nach herkömmlicher Auffassung unterscheidet sich der Begriff vom bloßen Wort dadurch, dass er die Bedeutung eines Wortes, eines sprachlichen Ausdrucks verkörpert. Während wir also in verschiedenen Sprachen verschiedene Ausdrücke für das deutsche Wort »Augen« haben – *occuli, yeux, eyes* und so fort –, bleibt der Begriff »Augen« doch derselbe und meint zum Beispiel »jene Sinnesorgane, durch die bestimmte Lebewesen zu optischer Wahrnehmung befähigt werden«. Begriffe haben die Aufgabe, zu verallgemeinern: Mit ihrer Hilfe kann eine Anzahl einzelner Erscheinungen oder Erscheinungsaspekte unter einem allgemeinen Gesichtspunkt betrachtet werden. Kurz gesagt, Begriffe sind Abstraktionen. Augen an sich finden sich nicht in der Erfahrungswelt, sondern nur ganz konkrete, unter anderem der sinnlichen Wahrnehmung dienende Organe ebenso konkreter Individuen, die man alle unter dem Begriff »Augen« zusammenfasst, um nicht jedem einzelnen dieser Sinnesorgane jedes einzelnen Individuums einen eigenen Namen geben zu müssen. Die »Augen« der Biene Mirella sind ganz anders als die »Augen« des Menschen Kuno – beide »Augenpaare« sind unverwechselbar individuell. Und doch fassen wir sie zwecks Vereinfachung unter dem Begriff »Augen« zusammen.

Philosophie, die die genaue Begriffsklärung schon lange zu ihren Hauptaufgaben rechnet, wird nun schwerlich einige Grundbegriffe als gegeben behaupten können, aus denen alle anderen Begriffe abzuleiten wären. Ohnehin verfügen Philosophen selten genug über die Definitionsmacht, was Begriffe zu bedeuten haben. Begriffe sind – wie andere Worte auch – durch ihren Gebrauch, durch ihre Stelle im Netz anderer Begriffe bestimmt. Sie sind Hilfsmittel, uns in einer Welt unendlicher Mannigfaltigkeit zurechtzufinden, weil sie die Vielfalt des Besonderen aufs Allgemeinere zu reduzieren helfen. Dieses Allgemeine wird aber je nach gesellschaftlichen Rahmenbedingungen immer wieder neu festgelegt.

Die Begriffsarbeit des Skeptikers bestünde nun darin, den Begriffsgebrauch und das Begriffsverständnis immer wieder neu zu hinterfragen: Warum gerade dieser Begriff und nicht ein anderer? Was geht verloren, wenn wir so verallgemeinern und nicht anders? Aber auf festem Begriffsfundament steht der Skeptiker selbst mitnichten.

A. U. S.

LEKTÜREVORSCHLAG:
Hugo von Hofmannsthal: Ein Brief [1902]. In: ders., Der Brief des Lord Chandos. Schriften zur Literatur, Kultur und Geschichte. Hrsg. von Mathias Mayer. Stuttgart 2000, S. 46–59.

Evolutionisten contra Kreationisten

Sehr geehrter Herr Sommer,
es geht um die »uralte« Frage: Kreation contra Evolution. Kein denkender Mensch kann sich zufrieden geben mit dem Gedanken einer einmalig erfolgten Schöpfung. Die Naturwissenschaft glaubt, eine sich im Anschluss an den Urknall selbst entwickelnde Welt nachweisen zu können. Nun gibt es jedoch Lücken, auch »missing links« genannt, und die sind nicht unerheblich. Was wir an Beweismaterial haben, sind ohnehin »nur« Fossilien, keine lebenden Zellen. Einwände gegen Darwin gibt es zuhauf: »Was war vor dem Urknall, woher kam solche Energie?« Oder: »Ist es wirklich reiner Zufall, dass der Planet Erde alle die Gegebenheiten aufweist, die Leben möglich machten?« Oder: »Kann ein so komplexes System wie die DNA aus einfachen Urbausteinen ›von selbst‹ entstehen?« Muss nicht hinter dieser ganzen Schöpfung eine »Idee«, eine »kreative Kraft«, ein unser menschliches Denkvermögen transzendierender Geist stehen?
Dr. Rolf J.

Lieber Herr J.,
im mitunter skurrilen Streit zwischen den so genannten Evolutionisten und den Kreationisten könnte tatsächlich ein wenig philosophische Klärung gut tun. Man sollte allerdings vorausschicken, dass sich Philosophie schwer-

lich als Richterin zwischen konkurrierenden naturwissenschaftlichen Theorien eignet. Kosmologie ist keine philosophische Disziplin mehr, und eine sich ihrer Grenzen bewusste Philosophie ist wohl beraten, sich nicht auf Spekulationen über den Weltanfang und das Weltende einzulassen. Zugleich hat sie auch die empirischen Wissenschaften an deren Grenzen zu erinnern, denn das Vergangene – auch das erdgeschichtlich Vergangene – ist uns nie als solches gegeben, sondern nur in Gestalt von Überresten, die wir in sinnvolle Zusammenhänge, in eine Erzählung einordnen müssen: Geschichte ist stets konstruiert. Wenn wir einen Weltschöpfer oder eine »kreative Kraft« hinter dem Prozess der Weltentstehung vermuten oder aber diese Vermutung leugnen, sind beide Alternativen jeweils Bestandteil unserer Erdgeschichtserzählung, jedoch keine wissenschaftlichen »Tatsachen«.

Worum dreht sich der Streit zwischen Kreationisten und Evolutionisten? Die Position der Kreationisten lässt sich leicht bestimmen: Sie gehen von einer wortwörtlichen Auslegung der Bibel aus und setzen den Genesis-Bericht von der Erschaffung der Welt in sieben Tagen absolut. Sie übersehen, dass es sich bei diesem Bericht um die symbolische Verdichtung einer bestimmten Vorstellungswelt im Alten Israel, nicht aber um ein zeitloses Dekret Gottes handelt. Wer auf diese Weise einen historischen Text liest – und die Bibel ist ein historischer Text –, ignoriert souverän alle Erkenntnisse der historisch-kritischen Wissenschaften und begeht um seines Glaubens willen ein *sacrificium intellectus*, ein Opfer seines Verstandes.

Was aber vertreten die Evolutionisten? Man sollte den Begriff der Evolution in naturwissenschaftlicher Hinsicht in mindestens drei Hinsichten differenzieren: Erstens spricht man von der kosmischen Evolution, wenn es um die Entwicklung des Universums insgesamt geht, also etwa um die Theorie, vor 18 Milliarden Jahren hätten sich alle Galaxien in einem Zustand unendlicher Dichte befunden, und dann sei eine mit dem Namen »Urknall« versehene, explosionsartige Ausdehnung eingetreten. Davon ist die chemische Evolution zu unterscheiden, die Proteine und Nukleinsäuren hervorbrachte, die die für Lebenwesen charakteristischen Eigenschaften entwickelten. Schließlich spricht man von der biologischen Evolution, die sich mit dem Namen Charles Darwin verbindet und der die Entstehung neuer Arten zu verdanken sei.

In allen drei Evolutionsbereichen herrschen nach Meinung der zuständigen Fachwissenschaftler unerschiedliche Gesetzmäßigkeiten, auch wenn die kosmische Evolution (wie auch immer sie gedacht wird) als Voraussetzung für die Möglichkeit chemischer und biologischer Evolution angesehen werden muss. Sofern der Wissenschaftler Wissenschaftler und nicht Ideologe ist, gibt er als Vertreter einer Evolutionstheorie in einem oder in allen diesen Bereichen zu, dass seine Theorie auch falsch sein könnte. Er wird zugeben, dass Umstände eintreten können, die eine Revision der Theorie nötig machen. Das ist der erste Schritt zu philosophischer Bescheidenheit.

A. U. S.

LEKTÜREVORSCHLAG:
Thomas S. Kuhn: Die Struktur wissenschaftlicher Revolutionen [1962]. Übersetzt von K. Simon. Frankfurt am Main [9]1988.

Vom Wert des Tratsches

Lieber Herr Sommer,
warum will der Mitmensch Einsicht in fremde Angelegenheiten und Geheimnisse? Ich denke nicht, dass ein Individuum damit eine Angleichung an jemand anderen erzielen will, wie Sie es schildern (»Impertinente Fragen«). Eine impertinente Frage ist doch auch eine Frage der Haltung, des Charakters und des Stils. Anstand und Zurückhaltung sind Werte die – leider – im Verschwinden begriffen sind. Es ist die stete Suche, den andern fassbar oder entwertbar machen zu können. Familienstand, Arbeitssituation, sozialer Status und Reaktionen werden gnadenlos seziert, um anschließend die Kategorie für das Individuum festzulegen. Und wenn impertinente Fragerei nicht reicht, bleibt immer noch die Möglichkeit des Tratschs. In dem Punkt, dass Frechheit zu Transparenz und Verstehbarkeit führt, bin ich mit Ihnen einig. Aber Anlass dazu ist nicht eine Egalisierungsmoral, sondern die Gier nach Negativinformationen.

Therese F.

Lieber Herr Sommer,
immer wieder ertappe ich mich dabei, dass ich selber Tratsch genieße. Je nach Begebenheit ist Tratsch wie das Salz in der Suppe. Er schweißt die Anwesenden durch die Preisgabe gewisser

Vertraulichkeiten zusammen. Trotzdem könnte ich mir manchmal die Zunge abbeißen. Wie kann ich mich ändern?

M. K.

Liebe Frau F., liebe Frau K.,
Ihnen, liebe Frau F., würde ich beipflichten, dass man sich mit impertinenten Fragen und der Lust an Negativinformationen nicht einfach unseren Mitmenschen angleichen will. Die Egalisierungsmoral, von der ich sprach, hat auch nicht das Ziel, alle gleich zu machen, sondern andere, die mich scheinbar überragen, auf mein Maß zurückzustutzen und mich selbst entgegen meiner vermeintlichen Unterlegenheit positiv von ihnen abzuheben, also gerade von den Objekten meiner impertinenten Fragen oder meines Tratsches unterschieden zu sein. Und dann ist diese Egalisierungsmoral eben auch keineswegs die alles beherrschende geistige Kraft, sondern sie wird politisch und gesellschaftlich durch gegenstrebige Bewegungen weitgehend neutralisiert und schafft sich im Tratsch ein noch recht harmloses Ventil.

Das, was Sie als »Stil«, »Anstand«, »Zurückhaltung« gegen die Impertinenz ins Feld führen, sind auch keine naturgegebenen Tugenden, sondern basieren auf bestimmten, historisch zufälligen Werthaltungen, die allerdings den Werthaltungen der Egalisierungsmoral entgegengesetzt sein dürften. Aber wie soll man beweisen, dass die genannten Tugenden »besser« sind als ihr zuwiderlaufende Eigenschaften?

Die jeweilige Toleranz in einer Gesellschaft gegenüber unangepasstem Verhalten kann ja offenbar nicht Maßstab sein, spiegelt sie doch nur das jeweilige (und stets labile) Gleichgewicht zwischen den verschiedenen moralischen Interessen wider: Während zum Beispiel in manchen westlichen Gesellschaften Vermögensverhältnisse und die Höhe des Verdienstes die am besten gehüteten, intimsten Geheimnisse sind, darf man in anderen, ebenso westlichen Gesellschaften beim Party-Small-Talk gerade danach zuallererst fragen.

Die Aufrichtigkeit, mit der Sie, liebe Frau K., die geheime Lust am Tratsch schildern, finde ich bemerkenswert, fällt der Tratsch doch gewöhnlich der moralischen Ächtung anheim. Sie veranschaulichen sehr schön die gemeinschaftsstiftende Kraft, die der Tratsch hat. Darüber lohnt es sich, weiter nachzudenken, wie dies etwa der Soziologe Niklas Luhmann getan hat. Wenn wir tratschen, unterhalten wir uns über abwesende Dritte, was mir ermöglicht, einzuschätzen, wie mein anwesender Tratschpartner nicht allein diese Dritten sieht. Ich erfahre darüber hinaus eine Menge über die Weltsicht meines Tratschpartners und kann an der Art und Weise, wie er über Dritte herzieht, abschätzen, ob unsere Weltsichten vielleicht zusammenpassen.

Zugleich schützen wir uns und unser Gegenüber beim Tratsch, indem wir vermeiden, über Dinge zu sprechen, die meinen Gesprächspartner und mich direkt angehen, und aus denen sich ein unmittelbarer Konflikt ergeben könnte. Sie sehen, der Tratsch hat in seiner Unvermeidlichkeit auch seine guten Seiten, sodass Sie sich nicht unbedingt moralische Zwangsmaßnahmen aufzuerlegen brauchen. Es sei denn, Sie machen sich die von Frau F. propagierten Tugenden der Vornehmheit zu Eigen.

A. U. S.

LEKTÜREVORSCHLAG:

Baltasar Gracián: Hand-Orakel und Kunst der Weltklugheit [1647]. Aus dessen Werken gezogen von D. Vincencio Juan de Lastanosa und aus dem Spanischen Original treu und sorgfältig übersetzt von Arthur Schopenhauer. Mit einem Nachwort von Hugo Loetscher. Zürich 1993.

Gelingendes Leben

Lieber Herr Sommer,
ich beziehe mich auf Ihren Brief unter dem Titel
»Besänftigte Macht des Augenblicks«. Da sagen
Sie am Schluss: »Und selbst wenn solche Augenblicke ausbleiben sollten: Für ein gelingendes
Dasein sind sie – wenigstens theoretisch –
entbehrlich.«
Was aber ist »ein gelingendes Dasein«? Kann
beim »Dasein« wirklich von »gelingen« und
»nicht gelingen« gesprochen werden? Ich kann
mir nicht vorstellen, wie irgendwelches »Sein«
gewertet werden kann.
Barbara B.

Lieber Herr Sommer,
können Sie uns vielleicht mehr über diese
»Grundstimmung« sagen, die entscheidet, ob
mein Leben »gelingt«?
Michael A.

Liebe Frau B., lieber Herr A.,
meine allzu knappen Anmerkungen über die Chancen
für ein gelingendes Leben haben einige kritische Nachfragen ausgelöst. Eine Leserin, die nicht genannt werden
will, empfand die Schlusswendung, wonach ein gelingendes Leben auch ohne Augenblicke euphorischen Glücks
möglich sei, als »haarsträubend«: Bloße Zufriedenheit,
die mit einem glücksaugenblickslosen Leben gemeint

sein müsse, münde fast unweigerlich in Verzweiflung und Depression. »So was ist ein Handicap und keine zu empfehlende Lebensweise!« Und Sie fragen nun mit Recht, was ein gelingendes Leben sein soll.

Ich habe den Ausdruck »gelingendes Dasein« deshalb gewählt, weil er im Unterschied zum »glücklichen Dasein« nicht all die Ungereimtheiten des Glücksbegriffs mit sich herumzuschleppen braucht. Unter »Glück« kann man sowohl verstehen, was einem unverdient zufällt (das englische *luck*), als auch einen Zustand des inneren Wohlbefindens (englisch *happiness*).

Wie Glück aber inhaltlich zu fassen sei, darüber streiten sich nicht nur die Philosophen seit Menschengedenken: Liegt Glück in der geistigen Schau, in der sinnlichen Lust, im politischen Handeln oder im allgemeinen Nutzen? Bei aller inhaltlichen Uneinigkeit gilt vielleicht für sämtliche Glücksbegriffe, dass mit »Glück« eine Vollkommenheit, ein Maximum des Erreichbaren gemeint ist.

Aber welche Anhaltspunkte habe ich, um festzustellen, dass ein solches Maximum erreicht ist, dass das höchstmögliche Glück realisiert ist – selbst wenn ich wüsste, worin ich mein Glück inhaltlich zu suchen und zu finden habe? Die hochgradige Unbestimmtheit des Glücksbegriffs und die Gefahr, glückhaft euphorische Augenblicke mit dem Lebensglück insgesamt gleichzusetzen, haben mir also den Verzicht auf den Ausdruck »glückliches« oder »glückendes Leben« nahe gelegt.

Beim »gelingenden Dasein« sind wir von den Hypotheken der Glücksdiskussion zumindest teilweise entlastet. Für solches Gelingen wäre wesentlich nicht die Fülle glückhafter Augenblicke, sondern die Kontinuität der das Leben bestimmenden Grundstimmungen und Grundhaltungen verantwortlich. Tatsächlich denke ich, dass ein gelingendes Leben unter Verzicht auf das Streben nach euphorischen Glücksmomenten durchaus möglich ist. Die antiken Stoiker haben zum Beispiel versucht, das, was sie Glück nannten, durch eine rigorose Beschränkung aufs Eigene im Einklang mit dem Weltganzen zu erreichen und so einen Zustand der Unerschütterlichkeit herbeizuführen. Diese Unerschütterlichkeit soll das Selbst gegen Glücks- und gegen Unglücksmomente abschirmen, denn sowohl negative wie positive Affekte beunruhigten die Seele und lenkten sie vom Wesentlichen, der Seelenruhe, ab.

Wer befindet nun darüber, ob mein Dasein als Ganzes gelingt? Niemand anderes als ich selbst. Wir verfügen über keine »Werte«, die uns objektiv als Maßstab dienen können, ob dieses oder jenes Leben als gelingend oder gelungen zu betrachten ist. Ich allein bin der Richter über das Gelingen oder Misslingen meines Daseins. Ich allein beurteile, ob dessen Grundstimmung, dessen bestimmende Züge mit dem übereinstimmen, was ich für richtig und wichtig halte. Diese Beurteilung muss ich immer wieder von neuem vornehmen. Vielleicht gelingt ein menschliches Leben dann, wenn derjenige, der es führt, versucht, sich eigene Gesetze zu geben. Und sich aus der Abhängigkeit vom Willen anderer zu befreien. Was meist nicht ohne Leiden abgeht. Was jedoch das Gelingen nicht zu beeinträchtigen braucht.

A. U. S.

LEKTÜREVORSCHLAG:

Epiktet: Handbüchlein der Ethik (Encheiridion) [um 100–135 n. Chr.]. Aus dem Griechischen übersetzt, mit Einleitung und Anmerkungen versehen von Ernst Neitzke. Stuttgart 1987.

Abschiedlichkeit

Lieber Herr Sommer,
eben kam ich von einem bewegten und bewegenden Wochenende zurück und las Ihren Artikel über die »Besänftigte Macht des Augenblicks«. Er hat mich sozusagen »fadengerade« getroffen, so wie es Literatur sollte und im Idealfall tut. Ich habe aber jetzt noch eine »weiterführende« Frage: Wie kann der Mensch mit dem Paradox umgehen, dass er eigentlich zum Abschied nicht fähig ist, respektive dieser mit Schmerz verbunden ist, er sich gleichzeitig die Unendlichkeit/Ewigkeit nicht vorstellen kann; sie (für ihn) nicht existiert? Er möchte sich von gewissen Dingen, Umständen und vor allem Menschen nie trennen und weiß, er muss es doch. Trotzdem kann er sich glücklich schätzen, dass er die »Bürde des Lebens« nicht ewig tragen muss. Letztlich ist es ja die Frage nach dem Umgang des Menschen mit der Endlichkeit. Welchen Ausweg aus dieser Zwickmühle findet der Philosoph?

Thomas K.

Lieber Herr K.,
häufig ist die Klage zu vernehmen, dass wir es verlernt hätten, Abschied zu nehmen. Früher hingegen habe man ein Leben lang Abschiede zelebriert und sich dadurch auf nichts anderes vorbereitet als auf den großen Abschied,

nämlich den Abschied vom Leben selbst. Aber dieses Bild von der Abschiedskompetenz unserer Vorväter und Vormütter, die angeblich in krassem Gegensatz zu unserer Unfähigkeit stehe, uns auch nur vom Urlaubsort wieder zu trennen, dieses Bild weist bei genauerer Betrachtung einige Risse auf: Es mag ja sein, dass unsere Vorfahren häufiger unmittelbar mit dem Tod konfrontiert waren, als wir es sind. Ihr Abschied von den geliebten Mitmenschen war – im traditionellen religiösen Weltbild – jedoch nur ein vorläufiger, insofern die Hoffnung auf ein Fortleben nach dem Tod baldiges Wiedersehen in Aussicht stellte. Die Vorbereitung auf den eigenen Tod – die stete Erinnerung an die eigene Sterblichkeit – bedeutet in dieser Vorstellungswelt weniger den Ausblick auf ein unwiderrufliches Ende, vielmehr auf einen Übergang in eine andere, bei guter Führung bessere Welt.

Das heißt also, dass sich die Frage des Abschieds kaum in der Schärfe gestellt hat, wie sie sich uns stellt. Uns läuft zwar der Schnitter nicht mehr tagtäglich über den Weg, und wir rechnen bei leidlicher Gesundheit auch nicht mehr mit dem unmittelbar bevorstehenden Lebensende. Dennoch ist dieses Ende für eine nicht länger religiös beheimatete Weltsicht ebenso unvermeidlich wie unerbittlich: Wer nicht mehr an eine Auferstehung des Leibes oder ein ewiges Leben glauben mag, muss mit dem Abschied ernst machen. Eines Tages mit Bestimmtheit.

Ein weiterer, weniger pathetischer, aber doch nicht weniger wichtiger Gesichtspunkt kommt hinzu: Wir sind, als Wesen, die in einer sich ständig verändernden Welt leben, tagtäglich mit Tausend Abschieden konfrontiert, die uns offenbar ganz leicht von der Hand gehen. In traditionellen Gesellschaften, die der Abfolge der Jahreszeiten unterworfen sind, scheinen die meisten Geschehnisse nicht einmalig, sondern wiederholbar zu sein, spielen sich alle Lebensvollzüge doch gleichförmig in einem immer schon gegebenen Rahmen ab. In modernen Gesellschaften steht demgegenüber alles ständig zur Disposition und verlangt Abschiednehmen, das meist ganz undramatisch vor sich geht: Habe ich gebührend Abschied genommen vom Moderator, der gestern Abend zum letzten Mal über den Bildschirm flimmerte? Habe ich bedacht, dass ich die Stimmung, die durch das wilde Wechselspiel von Sonne, Regen, Verkehrsaufkommen und Touristenhorden auf der Straße vor einer halben Stunde erzeugt wurde, vielleicht zum letzten Mal empfunden habe?

Der Mensch, zumal der moderne, durchlebt also beständig größere und kleinere Abschiede, die ihn freilich unempfindlich zu machen drohen für den großen Abschied, der mit mir meine Welt vernichtet. Allerdings ist bei Eintritt meines Todes wahrscheinlich niemand mehr da, der Abschied nehmen könnte, ganz einfach, weil ich dann schon tot bin. Ich vermute, der Mensch ist für Abschiedlichkeit recht gut geeicht; sie liegt ihm sozusagen im Blut. Eher wäre es für ihn unerträglich, ans Bestehende festgekettet zu bleiben. Die Endlichkeit ist eine Chance. Gerade auch eine Chance der Freiheit.

A. U. S.

LEKTÜREVORSCHLAG:
Michel de Montaigne: Essais [1572–1592]. Gesamtübersetzung von Hans Stilett. Frankfurt am Main 1998.

Glauben und Denken

Sehr geehrter Herr Sommer,
schon Jahre versuche ich dann und wann, das Verb »glauben« zu interpretieren. »Annehmen, dass es so ist«, befriedigt irgendwie nicht. Auch der Gegensatz zu »glauben« ist schwierig zu erörtern. Am nächsten scheint mir hierbei das Verb »denken«. Entweder ich denke (erörtere, analysiere) oder ich glaube (was mich vom Denken entbindet). Was meinen Sie?
Peter U.

Lieber Herr U.,
unter Philosophen hat es der Glaube gewöhnlich nicht leicht, erscheint er doch als Gegenstück zum Wissen, als dessen Diener sich Philosophen seit 2500 Jahren gerne verstehen. Jedenfalls hat es sich eingebürgert, den Glauben als ein bloßes Fürwahrhalten ohne hinreichende Begründung anzusehen, während Wissen auf methodische und hinreichende Begründung abgestützt sei.

In dieser Unterscheidung von Glauben und Wissen bilden beide keine absoluten Gegensätze, sondern verschiedene Stufen des Erkennens, die sich durch ihren Grad an Gewissheit unterscheiden: Während das Wissen für sich höchstmögliche Gewissheit beansprucht, muss der Glaube auf solche Gewissheitsansprüche verzichten und ist ins individuelle Belieben gestellt. Während Wissensinhalte für alle Menschen gelten sollen, kann man von keinem andern verlangen, dass er meine Glaubensinhalte teilt.

Immanuel Kant hat deshalb Wissen als sowohl objektiv wie subjektiv zureichendes Fürwahrhalten bestimmt, während Glaube als zwar subjektiv zureichendes, aber objektiv unzureichendes Fürwahrhalten erscheint. Wie Sie schreiben: Glauben meint »annehmen, dass etwas so und so ist«, ohne für diese Annahme hinreichende Beweise zu haben.

So weit klassische philosophische Stellungnahmen zu »glauben« im Sinne des englischen Wortes *belief*. Das Problem wurde komplizierter mit dem Auftreten des Christentums, in dessen Fahrwasser auch die europäische Philosophie geriet. Nach der Auffassung des Apostels Paulus handelt es sich beim Glauben (neben Liebe und Hoffnung) um eine zentrale religiöse Tugend, mit der verglichen das weltliche Wissen gerade der Philosophen eine Torheit sei. Für »glauben« in diesem Sinne – das Englische bietet dafür den Ausdruck *faith* – wird eine ganz andere Quelle der Erkenntnis in Anspruch genommen, nämlich direkte göttliche Offenbarung, die das Wissen von Philosophie und Wissenschaft buchstäblich alt aussehen lässt. Der Glaube, den die Offenbarung diktiert, ist dem christlichen Verständnis nach keineswegs mehr subjektiv-beliebig, sondern allgemein verbindlich, da er durch übernatürliche Weisung, das biblische Wort und die Institution der Kirche »beglaubigt« wird.

Glauben ist also nicht länger die hässliche Stiefschwester des Wissens mit zweifelhaftem Leumund, sondern eine völlig unabhängige Instanz, die dank übersinnlicher Einsichten dem bloß wissenschaftlichen Wissen weit überlegen ist. In den mittelalterlichen Diskussionen über Glaube und Wissen gingen manche Denker so weit, eine Lehre von der doppelten Wahrheit zu vertreten. Nach dieser Lehre steht die Wahrheit des wissenschaftlichen Wissens zusammenhanglos neben der Wahrheit des Glaubens. Keine dieser beiden Wahrheiten sei auf die jeweils andere zurückführbar.

Dass Sie heute Denken als Gegensatz zu Glauben bestimmen, hat mit der aufklärerischen Kritik an der vorgeblichen Glaubenswahrheit zu tun: Der religiöse Glaube galt vielen Aufklärern als Denkverweigerung, als bequeme Verneinung der Wissenschaft. Insofern dieser Glaube sich nicht um Wissen bemüht, sondern seine Glaubensinhalte immer schon als unbedingte Wahrheit, als unveräußerlichen Besitzstand sein Eigen nennt, ist er dem Denken, das undogmatisch nach Erkenntnis trachtet, tatsächlich entgegengesetzt. Dank der Aufklärung ist dieser religiöse Glaube in der europäischen Neuzeit immer stärker privatisiert worden; er kann nicht mehr eingeklagt, mit Feuer und Schwert durchgesetzt werden: Er ist bloß noch subjektives Fürwahrhalten.

Ob wir allerdings je jene Gewissheit erlangen können, die für unumstößliches Wissen unerlässlich ist, steht auf einem anderen Blatt. Vielleicht ist eine Erkenntnis, die über einen an solches Wissen sich annähernden Glauben (im Sinne von *belief*, nicht von *faith*) hinausgeht, gar nicht menschenmöglich.

A. U. S.

LEKTÜREVORSCHLAG:

William James: The Will to Believe [1897]. New York 1960; deutsch: Der Wille zum Glauben. Übersetzt von Th. Lorenz. Stuttgart 1899.

Ist das Leben ein Traum?

Lieber Herr Sommer,
am Morgen stehe ich auf. Zuerst sehe ich die Umgebung – ein holographisches Bild. In mir, vor mir, am fernen Horizont ist ein Bild. Ich schließe die Augen, halte die Ohren zu. Alle Sinneseindrücke fehlen. So existiere ich nicht. Ich bin nicht hier, ich bin nicht dort. Ich träume nicht, weil ich nichts wissen kann. Meine Seele weiss nichts von sich selber. ==Das Wissen, da zu sein, ist Bewusstsein.== Ich stehe mitten in einem holographischen Spiel und weiß nicht, ob das Wirklichkeit ist. Ich kann nicht unterscheiden, ob ich träume oder das Hologramm Leben hat.
Jeanne G.

Liebe Frau G.,
Sie wagen da ein Exerzitium, eine geistige Übung, die schon manchen Philosophen an den Rand seiner intellektuellen und seelischen Kräfte getrieben hat.

Was bleibt, fragte sich René Descartes in seinem nicht umsonst »Meditationen über die Erste Philosophie« betitelten Werk, wenn ich nach und nach all das wegdenke, was ich bisher zu wissen geglaubt habe? Wenn ich mich allen Sinneseindrücken verschließe, von allem absehe, was mir bisher sicher erschien? Wenn ich allen bisherigen Gewissheiten radikal das Vertrauen kündige? Descartes stellte im Unterschied zu Ihnen fest, dass durchaus etwas bleibt, nämlich das »cogito«, das »ich denke«. Auch wenn ich alles wegdenke, was meine Welt ausmacht, ändert das nach Descartes nichts daran, dass eine Instanz da sein muss, die die Welt wegdenkt. Diese Instanz soll vom Zweifel, den ich allem gegenüber hegen kann, unberührt bleiben, denn es ist ja »zweifellos« etwas da, was zweifelt, eben das »cogito«.

Aber ==inwiefern ist es ein Ich, was da denkt, das heißt: Bewusstsein hat/ist==? Und selbst wenn wir mit Descartes das »ich denke« für etwas halten, das unerschütterlich gewiss ist: Wie gelangen wir zur Gewissheit, dass es eine Außenwelt gibt – und es sie *so* gibt, wie sie uns erscheint? Descartes bewies sich die Gewissheit der Außenwelt über den Umweg eines Gottesbeweises. Da werden wir ihm heute kaum mehr folgen. Wie aber kann ich sicher sein, dass ich – das »cogito« – die Welt nicht bloß träume oder von einem bösen Geist getäuscht werde, der mir das Dasein und das Sosein der Welt bloß vorgaukelt?

Nehmen wir für unser Exerzitium einmal an, es gebe tatsächlich keinen Weg, mit dem ich mir Gewissheit verschaffen kann, dass die Welt, die ich wahrzunehmen glaube, wirklich existiert. Was geschieht, wenn ich alles wegdenke und nicht wieder herbeizaubern kann? Gehe ich aller Maßstäbe verlustig?

Diesen Problemen genähert hat sich der spanische Dichter Pedro Calderón de la Barca (1600–1681) mit seinem Versdrama »La vida es sueño« (Das Leben ein Traum). Darin sieht sich der polnische Königssohn Segismundo mit der Frage konfrontiert, ob nicht das Unglaubliche, das er erlebt zu haben meint, was aber ganz und gar nicht zu seiner gegenwärtigen Situation passt, bloßer Traum gewesen sei. Oder ist, zweifelt Segismundo, die Gegenwart der Traum und die Vergangenheit die Wahrheit?

Nach und nach gelangt der Heißsporn zu der Einsicht, dass er selbst dann moralisch handeln müsse, wenn die ganze Welt – die Gegenwart oder die Vergangenheit oder beides – nur ein Traum wäre. Erst die Realitätsverunsicherung bringt Segismundo moralisch zur Räson: Gerade der Vorbehalt, dass alles nur geträumt sein könnte, ist ihm Anlass, das moralisch Gebotene zu tun, »denn auch träumend / Darf man Rechttun nicht entehren«.

Diese Auffassung zehrt von der zugrunde liegenden christlichen Überzeugung, dass die eigentliche Wirklichkeit erst fürs Jenseits zu erwarten und recht besehen alles Irdische Trug sei. Während also die irdische Welt insgesamt dem Zweifel anheim fällt, bleibt für Segismundo und für seinen Schöpfer Calderón die (überirdisch begründete) Moral von diesem Zweifel unberührt.

Wir indessen dürften Mühe haben, ausgerechnet die Moral vom Zweifel auszunehmen. Dennoch wäre es möglich, dass der Vorbehalt, dass alles nur vorgetäuscht sein könnte, ein Ansporn ist, unbedingt das Eigene zu tun. Nämlich das, was jenes »cogito« einem gebietet.

A. U. S.

LEKTÜREVORSCHLAG:

René Descartes: Meditationen über die Erste Philosophie
[1641]. Übersetzt und hrsg. von Gerhart Schmidt. Stuttgart 1971.

Körperkult und Geistesmacht

Lieber Herr Sommer,
ich empfinde persönlich immer mehr das Auseinanderdriften von geistigen und körperlichen Dingen. Vielleicht liegt darin ein Problem der ganzen Gesellschaft. Jedenfalls gibt es Phänomene, die diese Polarisierung zum Ausdruck bringen. Auf der einen Seite sehe ich eine Vergötzung des Körperlichen: im Sport mit Olympiaden, Weltmeisterschaften, Hochleistungssport überall; im Schönheitskult, mit Kosmetikindustrie, Schönheitschirurgie, mit Miss- und Mister-Wahlen; in der Sexualität mit Pornoindustrie und hemmungslosen, öffentlich zelebrierten Tabubrüchen.
Auf der anderen Seite stelle ich eine Vergötterung geistiger Dinge fest: in der Ausbildung all die überfüllten höheren Schulen, die aus den Nähten platzenden Universitäten; in der Informatik Cyberspace, die virtuellen, körperlosen Welten. Dann die Computerspiele, die viele Jugendliche schon völlig in Beschlag genommen haben. Irgendwie tut sich eine Kluft auf, und mir scheint diese Entwicklung nicht sehr gesund zu sein.
Meine Frage an Sie: Haben kluge Köpfe früherer Zeiten so etwas kommen sehen?

R. H.

Lieber Herr H.,
der Gegensatz von Körperlich-Sinnlichem und Geistig-Übersinnlichem gehört seit Platon zum eisernen Bestand der philosophischen Überlieferung. Seit damals pflegen sich viele Philosophen darüber zu beklagen, dass die Menschen dem Körperlichen viel zugeneigter seien als dem Geistigen.

Spätestens seit dem 19. Jahrhundert sind allerdings die Gegenstimmen unüberhörbar, unter ihnen besonders prominent die von Friedrich Nietzsche (1844–1900). Er entlarvte das Beharren der Philosophen auf einem rein Geistigen als illusionäre Wunschvorstellung und forderte, auf die »große Vernunft des Leibes« zu hören. Die Idee des reinen Geistes sei die reine Dummheit, schrieb er einmal, und betrachtete die einseitige Betonung des Geistigen in Religion und Philosophie als Dekadenzphänomen.

Ihre Analyse der Gegenwart, Herr H., setzt andere Akzente, die so von »klugen Köpfen früherer Zeiten« kaum vorweggenommen wurde, obwohl, wie gesagt, die Kritik am Körperlich-Sinnlichen lange zum intellektuell guten Ton gehörte. Was Sie feststellen, ist ein sich verbreiternder Graben zwischen einer Sphäre, die sich mehr und mehr ins unfasslich Virtuelle, scheinbar ins Geistige verflüchtigt, und einer Sphäre, die dem Körperlichen exzessiv huldigt.

Der brave Materialismus, der glaubte, alle geistigen und psychischen Phänomene seien nichts anderes als letztlich vernachlässigbare Oberflächenphänomene rein stofflicher Vorgänge, wirkt mittlerweile eigentümlich antiquiert: Selbstverständlich braucht auch die virtuelle Welt der Computer eine stoffliche Basis; aber diese stoffliche Basis scheint das virtuell Mögliche nicht nachhaltig in seiner Eigengesetzlichkeit einzuschränken. Und ob es sich beim Virtuellen um »Geistiges« handelt, sei dahingestellt.

Jedenfalls ist das Geistige unter Verweis auf Chip- und Synapsenschaltung nicht hinreichend zu beschreiben.

Der Kult des Körperlichen, der mir (womöglich täuscht mich da das alte Philosophen-Vorurteil) wesentlich ausgeprägter vorkommt als der Kult des Geistigen, könnte eine Art von Kompensation sein: Weil die scheinbar sicheren, stofflich fest gegründeten Realitäten ins Unbestimmte, Vage verdunstet sind, hält man sich umso trotziger ans Sichtbare und gibt es als einzig mögliche Realität aus.

Denn auch das, was man traditionell als »Geistiges« anzusprechen gewohnt war, ist von diesen Realitätsverunklarungen keineswegs unberührt geblieben, was sich schon daran zeigt, dass wir den virtuellen Raum des Internets mit diesem Geistigen assoziieren. Das wäre keinem Verteidiger des reinen Geistes eingefallen. Die modernen Veruneindeutigungen der Wirklichkeit hängen auch daran, dass wir den Glauben an diesen reinen Geist eingebüßt haben. Vermutlich nicht zu unserem Schaden.

A. U. S.

LEKTÜREVORSCHLAG:
Volker Caysa: Körperutopien. Eine philosophische
   Anthropologie des Sports. Frankfurt am Main 2003.

Wollt ihr ewig leben?

Lieber Herr Sommer,
obwohl ich nicht religiös bin, fasziniert mich die Idee der Unsterblichkeit. Ich frage mich auch, ob diese nur ein Gegenstand von Religion (oder Kunst) sein muss. Ich ziele auf die einfache Überlegung ab, dass nichts vergehen kann – Energieerhaltungssatz – und Vergangenes nur vergangen ist, im Prinzip also nichts dagegen spricht, den alten Film einmal wieder abzuspulen. Unsterblichkeit sozusagen als Teilidee der Idee des Unvergänglichen und Ewigen. Dem Einwand, dass damit dem einzelnen Individuum nicht geholfen wäre, ließe sich entgegnen: Es kommt entweder darauf an, wer den Film noch einmal sehen darf und wieweit man sich in die Person, die man einmal war, einfühlen kann. Oder man spielt im Film des eigenen Lebens immer wieder mit, ohne es zu merken.
Oliver B.

Lieber Herr B.,
auf den ersten Blick scheint Unsterblichkeit ja etwas unbedingt Wünschenswertes zu sein: Wenn wir eine Ewigkeit Zeit hätten, um die Dinge zu tun, die wir tun wollen, dann müssten wir doch glücklich sein, denn für alles bliebe uns noch unendlich viel Zeit, und wir könnten allem mit der größten Gelassenheit gegenübertreten. Auf den zweiten Blick bröckelt diese schöne Aussicht, nämlich dann, wenn

man sich fragt, was man auf Dauer mit einem nie endenden Leben anstellen soll, solange man sich in einer endlichen Welt bewegt, die als solche nur endlich viele Möglichkeiten bietet, sein nie endendes Leben zu leben. Bei der dritten oder fünfzehnten, sicher aber bei der einhundertzweiundvierzigtausendsten Wiederholung dürfte Langeweile aufkommen – falls wir wissen, dass sich alles wiederholt. Und dann fällt ein dritter Blick auf die Reiseerinnerungen von Mr Lemuel Gulliver, die Jonathan Swift (1667–1745) aufzeichnet hat. Gulliver erfährt beim Volk der Luggnuggians von der Existenz Unsterblicher, »Struldbrugs« genannt. So rosig sich Gulliver deren endloses Leben zunächst ausmalt, so grausig erscheint es schließlich, denn die Struldbrugs genießen zwar ewiges Leben, aber nicht ewige Jugend, sodass ihnen alle Gebrechen und Laster des höchsten Alters anhaften und sie würdelos dahinvegetieren.

Ihre Idee einer kosmischen Unsterblichkeit stützen Sie auf den Energieerhaltungssatz, demzufolge die Summe aller Energie eines abgeschlossenen Systems gleich bleibt. Wenn wir den Kosmos für ein abgeschlossenes System halten, dann kann darin keine Energie verloren gehen, sondern nur umgewandelt werden. Gemäß dem Zweiten Hauptsatz der Thermodynamik verlaufen jedoch makroskopische Vorgänge ohne äußere Einwirkung in *eine* Richtung; ohne zusätzliche Arbeitsleistung lässt sich Wärmeenergie nicht vollständig in mechanische Energie zurückverwandeln. Es gibt offensichtlich in der Natur unumkehrbare Prozesse, sodass sich ein Zustand der Vergangenheit nie wieder vollständig herstellen lässt. Die Entropie nimmt zu und am Ende könnte der Wärmetod des Weltalls dadurch eintreten, dass nur noch Wärmeenergie vorhanden ist. Unsterblichkeit wäre also bestenfalls in diesem Zustand endgültigen thermischen Gleichgewichts möglich, in dem jede Veränderung zum Stillstand gekommen sein würde. So weit physikalische Hypothesen. Sie können einwenden, dass der Zweite Hauptsatz der Thermodynamik vielleicht bloß für den von uns beobachtbaren Ausschnitt des Weltalls gilt und ohnehin nur statistische Wahrscheinlichkeiten abbildet.

Einen Ihrer Unsterblichkeitsidee vergleichbaren Ansatz hat Friedrich Nietzsche mit seinem »abgründlichsten Gedanken« einer »Ewigen Wiederkunft des Gleichen« formuliert, demzufolge alles ewig wiederkehrt. Nietzsche hat die »Lehre« von der ewigen Wiederkunft, die er zunächst auch naturwissenschaftlich zu beweisen hoffte, gegen Ende seines Schaffens stillschweigend fallen gelassen. Was aber bleibt, ist die ethische Pointe dieses Gedankens: Lebe so, dass du wollen kannst, dass jeder Augenblick deines Lebens ewig wiederkommt!

Dagegen sollte man bedenken: Wenn wir eine Ewigkeit Zeit hätten, um die Dinge zu tun, die wir tun wollen, dann würden wir uns nie aufraffen, diese Dinge wirklich in Angriff zu nehmen. Wir wären womöglich unendlich unglücklich, weil nichts Zeitliches, gemessen an der Unendlichkeit des Daseins, wirklich ins Gewicht fallen könnte.

LEKTÜREVORSCHLAG:
Andreas Urs Sommer: Friedrich Nietzsches »Der Antichrist«.
Ein philosophisch-historischer Kommentar. Basel 2000.

Bildungsunbehagen

> Lieber Andreas Urs Sommer,
> Sie sind ein sehr gebildeter Mensch. Ohne
> Bildung wären Sie ein anderer? Inwiefern
> hat die Bildung und das Wissen, das Sie haben,
> Sie verändert? Oder – wenn Sie die Frage nicht
> persönlich beantworten mögen, was ich
> allerdings schade fände – allgemein: Welchen
> Einfluss hat unsere Bildung auf unser
> Verhalten?
>
> *Claudia K.*

Liebe Frau K.,
die Eltern unserer Großeltern waren womöglich noch davon überzeugt, dass Bildung die Welt unbedingt zum Positiven verändere. »Humanistische Bildung« vor allem erschien dem deshalb so genannten Bildungsbürgertum als Garantie dafür, dass man die höheren Stufen des Menschseins erklimme. Mit dieser Idee einer humanistischen Bildung, die vornehmlich in der Kenntnis antiker und nationalsprachlicher »klassischer« Literatur, Kunst und Geschichte bestand, lag damals schon die naturwissenschaftlich-technisch orientierte Intelligenz im Streit.

Nach deren Auffassung gehörten die ganzen humanistischen Bildungsgüter auf den Müllhaufen der Geschichte. Dank dieser Bildungsgüter sei noch kein Mensch besser oder weiser geworden. Für die Verächter humanistischer Bildungstraditionen konnte Bildung nur in unmittelbarem Anwendungswissen bestehen, im Verfügen über geistige Fertigkeiten, mit denen ein vorliegendes Problem technisch zu lösen ist.

Wer an die menschheitsveredelnde Wirkung humanistischer Bildung glaubte, musste sich von der Geschichte des 20. Jahrhunderts schmerzhaft belehren lassen, dass weder die Kenntnis der Plastiken eines Praxiteles, der Reden eines Cicero noch der Gedichte eines Goethe vor dem Rückfall in die Barbarei zu schützen vermögen. Das hieraus keimende Misstrauen gegenüber den althergebrachten Bildungsbeständen hat sich fortgesetzt: Was können wir unseren Kindern noch ernstlich als unveräußerliches Bildungsgut mit auf den Lebensweg geben? Welches Wissen bildet, das heißt formt uns so, dass es nicht bloß totes Strandgut unserer Biographie bleibt? Was bildet sich, wenn wir uns bilden?

Aber ich will Ihre Frage, wie Bildung mich verändert hat, nicht einfach unter den Tisch fallen lassen. Tatsächlich fielen und fallen meine Bildungserlebnisse in eine Epoche des Bildungsunbehagens. Jeder hat auf die Frage, worin Bildung denn bestehen könnte, eine eigene Antwort; es fehlt ein Kanon, eine verbindliche Zusammenstellung der unerlässlichen Bildungsbestandteile, des Wissens und der Werte, die sie ausmachen. Dies jedoch dürfte gar nicht so schlimm sein, wie die unnachsichtigen Wächter klassischer Bildungstraditionen einem weismachen wollen. Denn das Bildungsunbehagen schenkt dem Individuum einen enormen Gestaltungsspielraum, was es sich zu Eigen machen will, also, wie es sich bilden will.

Und genau diesem Gestaltungsspielraum verdanke ich zentrale Bildungserlebnisse, seit mir in der Pubertät bewusst geworden ist, dass die Gestaltung meines Lebens zwar nicht ausschließlich, aber doch zu einem beträchtlichen Teil in meiner eigenen Macht liegt. Gewiss wurde und werde ich auch gebildet, also von außen bestimmt.

Wesentlicher aber und damit bildender ist es, selbst zu bestimmen, wer man sein will, wie man sich und sein Leben bestimmen will. (Dies hat bei mir – hier ein Bekenntnis am Rande – allerdings dazu geführt, dass ich in Gymnasialzeiten meinen Bildungshorizont zum Schrecken meines Physiklehrers sehr zu Lasten der Naturwissenschaften einschränkte und da nach wie vor an bedenklichen Defiziten leide.)

Ich konnte eine radikale Auswahl der Bildungsgüter treffen – eine Auswahl, zu der ich umso mehr den Mut fand, als mir klar wurde, wie wenig ich am Ende wissen und begreifen würde. Ich beschloss, das Speichern von Wissen Büchern und Computern zu überlassen, dafür den eigenen Kopf für einen freien Umgang mit den wenigen geistigen Gütern freizuhalten, die ich mir aneignete. Um die Selbstbildungschancen in ihrem vollen Wert zu würdigen, mache ich mir gelegentlich klar, dass diese Chancen keine Selbstverständlichkeit, sondern ein unverdientes Privileg sind. Ein Privileg, dank dessen ich so etwas wie Freiheit erfahre.

A. U. S.

LEKTÜREVORSCHLAG:
Manfred Fuhrmann: Der europäische Bildungskanon des
  bürgerlichen Zeitalters. Berlin ³2000.

Die ewige Geilheit

Lieber Herr Sommer,
es ist Sommer, und Sie wissen ja – wo man hinschaut: Brüste. Es ist für mich kaum auszuhalten. Ich habe den ganzen Tag Sexphantasien. Möchte mit so vielen Frauen wie möglich Sex haben. Das Problem ist: Ich habe eine Freundin. Und ich liebe sie auch. Und doch werde ich im Sommer so von meinen Trieben geplagt. Ist das normal? Mein sonstiges Sexleben ist okay. Ich kapiere bloß nicht, warum sich so viele Frauen so scharf anziehen, die müssten doch wissen, dass wir Männer am Durchdrehen sind. Sie kennen das Problem bestimmt. Auch wenn Sie als Philosoph sicher wissen, wie Sie Ihre Triebe kontrollieren können. Sind Sexphantasien mit fremden Frauen verwerflich? Darf ich mit meiner Frau Sex haben und dabei an andere Frauen denken?
T. K.

Lieber Herr K.,
sexuelle Reizüberflutung lautet die Diagnose, die Sie stellen – eine Diagnose, die unsere Gesellschaft insgesamt trifft. Auf zweierlei Weise kann man darauf reagieren: mit permanenter sexueller Erregung oder mit Ekel. Mitunter geht das eine in das andere über; die Überflutung kann die Geilheit in Abscheu verwandeln und damit das Gegenteil der angestrebten Wirkung erzielen. Denn dass das,

was angestrebt wird, tatsächlich die sexuelle Erregung ist, dürfte klar sein. Freilich eine Erregung, die nicht aus dem engen Korsett zivilisierten Benehmens ausbrechen, sondern sich nur klammheimlich, in Tagträumen und hinter verschlossenen Türen, Genugtuung verschaffen und sich höchstenfalls in einem wohlgefälligen Blick äußern darf. Andernfalls sind die gegen sexuelle Belästigung einschreitenden Sittenwächter schnell zur Stelle.

Zweck des erotischen Outfits ist es also offensichtlich, die Erregung stets auf einem gewissen Niveau zu halten, um so zu verhindern, dass man als Träger dieses Outfits nicht mehr beachtet wird. Die aufreizende Kleidung ist ein Mittel im Kampf um Aufmerksamkeit, die man mit dem unverblümten Appell an Primärtriebe am leichtesten erreicht. Wer sich entsprechend kleidet und unentwegt um Primärtrieb-Aufmerksamkeit buhlt, läuft Gefahr, ausschließlich als Sexobjekt betrachtet zu werden, und nimmt also in Kauf, dass sich die Aufmerksamkeit des Gegenübers auf diesen einen Gesichtspunkt verengt.

Aber das ist ja nicht Ihr Problem. Das Ihre liegt in der Triebkontrolle, die Sie faktisch ganz und gar zu haben scheinen: Sie stürzen sich nicht auf das erste beste weibliche Wesen, dessen Auftreten Sie »anmacht«. Was Sie nicht unter Kontrolle haben, sind Ihre Phantasien. Diese nun ziehen Sie vor das strenge Gericht der monogamistischen Moral und glauben, Ihrer Freundin zumindest insgeheim untreu zu sein, weil Sie beim Sex eben auch an andere Frauen denken.

Ihr Problem, lieber Herr K., bringt einen tiefen Zwiespalt der modernen Gesellschaften zum Ausdruck: Auf der einen Seite scheint die Sexualisierung der Lebenswelt die Primärtriebe völlig von zivilisatorischen Fesseln zu lösen; alles scheint möglich, alles erlaubt. Auf der anderen Seite stehen ziemlich rigide, sich im Zeitalter von AIDS noch verschärfende Wertvorstellungen, die auf der Unhintergehbarkeit der monogamen Paarbeziehung beharren. Beide Tendenzen fordern ihr Recht und tragen den Zwiespalt ins Individuum hinein.

Wahrscheinlich ist menschliches Zusammenleben ohne zumindest teilweisen Triebverzicht und Triebumlenkung nicht möglich. Daraus wiederum kann ein Unbehagen an der Zivilisation erwachsen, die uns das freie Ausleben unserer Primärtriebe untersagt, sie aber zugleich anstachelt. Jedoch wäre auch der beständige Triebexzess auf Dauer unerträglich – unerträglich langweilig. Was also tun, wenn wir beide Seelen – die monogamistische Moral und die ungehemmten polygamen Bedürfnisse – in unserer Brust haben? Wir gehorchen der monogamistischen Moral ja nicht bloß, weil sie zur hehren Überlieferung gehört, sondern weil sie uns Geborgenheit, Gefühlssicherheit und den Frieden konstanter Zuneigung gewährt.

Mein Vorschlag zur Güte, lieber Herr K.: Versuchen Sie doch, Ihre Phantasien ins sexuelle Erleben mit Ihrer Freundin einzubauen, Ihre Freundin an Ihrer Erregung teilhaben zu lassen. Da finden womöglich nicht nur Ihre beiden Seelen zusammen.

A. U. S.

LEKTÜREVORSCHLAG:

Sigmund Freud: Das Unbehagen in der Kultur [1930].
 In: ders., Studienausgabe. Hrsg. von A. Mitscherlich
 u. a., Bd. 9. Frankfurt am Main 1989.

Nur keine Hemmungen?

Lieber Andreas Urs Sommer,
seit Monaten beobachte ich in meiner
Lieblingsbar eine Frau, die mir gefällt, sehr sogar.
Manchmal habe ich das Gefühl, das Gefallen
beruhe auf Gegenseitigkeit, manchmal schaut sie
an mir vorbei oder durch mich hindurch.
Meine Frage: Wie kann ich meine Schüchternheit
überwinden? Will ich meine Schüchternheit
vielleicht gar nicht überwinden, weil so immer ein
kleiner Traum und ein Versprechen offen bleibt?
Ich hoffe sehr, dass die Philosophie auch zu
solchen Problemen eine Antwort hat.

Peter L.

Lieber Peter L.,
kennen Sie das Chanson »Hemmige«[*] von Mani Matter? Es ist eigentlich ein Loblied auf den zivilisatorischen Segen der Schüchternheit, denn man stelle sich vor, wir litten nicht darunter – und es käme ein hübsches Mädchen dahergeschlendert ... Was den Menschen vom Schimpansen unterscheide, sei eben, dass der Mensch Hemmungen habe.

Aber bevor man die Schüchternheit als kulturelle Errungenschaft verherrlicht, sollte man nicht vergessen, dass die Menschen nie aus ihren Höhlen herausgekrochen wären und die Urwälder verlassen hätten, wenn sie

---

[*] Helvetisch für »Hemmungen«.

ihre Hemmungen nicht eines Tages abgestreift hätten. Einerseits bewahrt einen Schüchternheit also vor tierischen Exzessen, andererseits müssen wir sie aber auch überwinden, um unser eigenes Leben zu gestalten und nicht bloß im Fahrwasser dessen zu bleiben, was uns von außen vorgegeben ist.

Ich könnte Ihnen jetzt also raten, zu erwägen, was Sie verlieren, wenn Sie sich ein Herz fassen, die Frau in der Bar einfach ansprechen und mit ihr ein Gespräch beginnen, beispielsweise über die besondere Atmosphäre dieses Lokals, in dem Sie beide sich offensichtlich wohl fühlen. Gar nichts scheinen Sie zu verlieren, wenn Sie das wagen. Schlimmstenfalls bekommen Sie eine schnippische Antwort, mit der Ihnen Ihr Gegenüber klar macht, dass sie auf eine Bekanntschaft keinen Wert legt. Selbst in diesem Fall fiele Ihnen kein Zacken aus der Krone und es bliebe Ihnen die Genugtuung, Ihre Hemmungen besiegt zu haben.

Aber ganz so einfach ist es nicht. Erstens ist die Selbstüberwindung, zu der ich mich, wenn ich alleine bin, hundertmal leicht überrede, gar nicht leicht, wenn ich sie mir in der konkreten Situation abverlange. Das erfordert Training, zu dem mir allerdings das Leben täglich Gelegenheit gibt: Warum nicht dem schnöden Burschen, der mich anrempelt, die Meinung sagen? Warum nicht dem Großonkel klar machen, was man von ihm hält, auch wenn man dadurch den Familienfrieden aufs Spiel setzt? Beim Alltäglichen fängt die Überwindung der Schüchternheit an, wodurch ich mich für Situationen übe, in denen ich womöglich mein ganzes Dasein aufs Spiel setze. Was Sie – so viel zu Ihrer Beruhigung – nicht tun, wenn Sie mit der faszinierenden Frau eine Plauderei anzetteln.

Zweitens ist die Selbstüberwindung auch deshalb nicht leicht, weil Sie durch sie vielleicht doch etwas verlieren.

Nämlich das Traumbild von Ihrem Gegenüber, das Schwelgen in den Tagträumen, wie sich Ihr Leben wohl gestalten könnte, falls Sie es gewagt haben würden, die Frau anzusprechen. All die schönen und lieb gewonnenen Wunschvorstellungen könnten unversehens an der Wirklichkeit Schiffbruch erleiden, wenn sich herausstellt, dass das faszinierende Wesen in Wahrheit sterbenslangweilig ist und keine zehn Worte Unterhaltung lohnt. Die Faszination könnte sich jäh in Luft auflösen und Ihre Wünsche müssten sich ein neues Ziel suchen. Und selbst wenn die Faszination bei einer ersten Plauderei anhält, holt dann doch die Wirklichkeit das Auskosten des Möglichen ein. Dann müssten Sie beide konkret werden, sehen und entscheiden, ob es bei einer bloßen flüchtigen Bekanntschaft bleibt, oder aber mehr aus dem ersten Kontakt werden soll.

Falls Sie Ihre Schüchternheit bezwingen, verlieren Sie jene Distanz, mit der Sie das Objekt der Faszination bislang beäugt haben. Und doch, um *sein* Leben zu leben, muss man Distanz auch aufgeben können. So wichtig es mir scheint, immer wieder Distanz zu gewinnen. Aber zur Distanzgewinnung haben Sie auf jeden Fall noch Gelegenheit. Selbst und gerade dann, wenn Sie einen Korb bekommen sollten.

A. U. S.

LEKTÜREVORSCHLAG:
Ingeborg Bachmann: Das dreißigste Jahr. Erzählungen.
München 1961.

Liebe ohne Schmetterlinge

Lieber Herr Sommer,
es gibt einen Menschen, den ich sehr schätze und der mich, so glaube ich, aufrichtig liebt. Wir verstehen uns bestens, auf allen Ebenen. Ich kann mit ihm über alles reden, er hat einen ähnlichen Humor wie ich, er interessiert sich für meine Angelegenheiten, ich interessiere mich für seine. Es ist, als ob wir füreinander geschaffen wären. Das Problem ist nur: Ich bin nicht die Spur verliebt in ihn. Was heißt das nun? Soll ich mich für oder gegen ihn entscheiden? Ist Verliebtheit die Bedingung einer guten (Liebes-)Beziehung? Braucht es Schmetterlinge im Bauch, um ein Leben gemeinsam gehen zu können?
Maria R.

Liebe Frau R.,
die Partnerschaft, die Sie einzugehen überlegen, ist die moderne Form dessen, was man früher »Vernunftehe« genannt hat. Natürlich brauchte eine solche »Beziehung« nicht gleich zum Standesamt zu führen. Aber Sie beide hätten sich darauf eingelassen, weil alle äußeren Faktoren dafür sprechen und weil Sie mit Ihrem Partner »auf einer Wellenlänge« zu sein scheinen. Nur eben, Ihr Herz spielt nicht ganz mit.

Der moderne europäische Mensch hat sich angewöhnt, in Sachen Liebe haarfeine Differenzen zu machen. »Liebe als Passion« ist, wie der Soziologe Niklas Luhmann in einem lesenwerten Buch gleichen Titels (Frankfurt am Main 1982) ausführt, eine ziemlich neue Erfindung. In der Antike gehörte der Liebestolle, der kopflos für ein Wesen des anderen Geschlechts entbrannt war, auf die Komödienbühne. Es gab keine ernst und tragisch gemeinten Liebesromane. Wir hingegen nehmen unsere Gefühle unendlich ernst – egal, ob wir sie nun einer unergründlichen Macht namens »Herz« oder »Seele« zuschreiben oder ob wir unsere Gefühle für das biochemische Produkt von Hormonen und Pheromonen halten.

Jedenfalls scheint sich der soziale Stellenwert dieser Gefühle im Laufe der Zeit stark geändert zu haben: Vor 250 Jahren hätte kaum jemand auf deren An- oder Abwesenheit Rücksicht genommen, wenn es darum ging, eine »gute Partie« zu machen. Für uns hingegen ist das Fehlen jenes unbedingten Hingerissenseins zu einem anderen Menschen, das wir als Verliebtsein bezeichnen, ein entscheidender Hinderungsgrund. Da hilft es auch nichts, wenn man sich die Zeitbedingtheit dieses Hinderungsgrundes vor Augen führt und womöglich mit La Rochefoucauld behauptet, die meisten Menschen würden sich gar nicht verlieben, wenn sie davon nicht in Liebesromanen gelesen hätten. Sie würden dieses ihr Hingerissensein nicht ganz so wichtig nehmen, wie wir es in unserer Kultur zu nehmen pflegen.

Soll ich Ihnen jetzt also den etwas altväterlichen Rat geben, sich auf eine Beziehung mit diesem von Ihnen hoch geschätzten Menschen einzulassen, obwohl Ihr Herz dazu schweigt? Dafür spräche der Umstand, dass Sie diesen Mann in unbestechlicher Klarheit sehen, all seine Stärken und Schwächen im Hinblick auf eine Partnerschaft abwägen können, ohne von der Benebelung des Verliebtseins am klaren Urteil gehindert zu werden. Und dann könnte ich noch anführen, die Gefahr sei groß, dass sich die Schmetterlinge in Ihrem Bauch ohnehin früher oder später verflüchtigten, weswegen man sich mit einem Menschen besser nur dann auf eine längerfristige Beziehung einlasse, wenn man mit ihm auch ohne Verliebtsein glücklich oder doch zufrieden zu sein vermöge. Überdies sei gar nicht ausgemacht, dass sich das Verliebtsein nicht doch noch einstelle, sobald Sie sich dem Mann weiter nähern: Vielleicht bezwingt die Vernunft am Ende ja selbst das Herz.

Trotz alledem zögere ich, Ihnen einen solchen Rat zu erteilen. Wie wäre es, wenn Sie statt einer Entscheidung für eine Liebesbeziehung *contre cœur* weiter bei einer wunderbaren, so genannt platonischen Freundschaft blieben? Es gibt unendlich viele Schattierungen glücksträchtigen Zusammenseins, die man auszukosten lernen kann. Ohne sie gleich in die Schublade »Beziehung« oder »Partnerschaft« zu sperren.

A. U. S.

LEKTÜREVORSCHLAG:

François, Duc de La Rochefoucauld: Réflections ou Sentences
  et Maximes morales [1664]. Deutsch unter dem Titel
  »Maximen und Reflexionen«. Übertragung und Nachwort
  von Konrad Nussbächer. Stuttgart 1983.

Unheilbar dumm?

Sehr geehrter Herr Sommer,
wieso ist der Mensch so dumm? Wieso läuft so vieles falsch? Ich gebe mir die größte Mühe, alles richtig zu machen und ein gerechter und guter Mensch zu sein, muss aber immer wieder feststellen, dass der Großteil der Menschheit nicht dazu im Stande ist, jedenfalls nicht erfolgreich. Die meisten Menschen handeln unvernünftig, unverständig, uneinsichtig und mit stark beschränkter Sichtweise. So machen sie sich selbst, ihre Mitmenschen und die Welt kaputt. Ich weiß auch nicht immer, was richtig ist, versuche jedoch zumindest möglichst viele Sichtweisen und Möglichkeiten zu bedenken und so das »Richtigste« auszuwählen. Warum können dies viele Menschen nicht? *Alex S. (21)*

Lieber Herr S.,
worin besteht die Dummheit, deren sich nach Ihrer Beobachtung die meisten Menschen schuldig machen? Besteht sie darin, dass sie nicht das tun, was Sie für richtig halten? Oder darin, dass die Menschen immer nur ihre nächstliegenden Eigeninteressen im Blick haben und sich nicht um das große Ganze scheren? Oder schließlich darin, dass sie blind ihren Trieben folgen und bei ihrem Tun keinerlei Güterabwägung betreiben, die sie erst lehrte, was ihre wirklichen Eigeninteressen sind? Alle drei Hinsichten klingen in Ihrem Brief an.

Ihre Empörung entzündet sich zunächst daran, dass Tun und Lassen der meisten Menschen nicht mit dem übereinstimmen, was Sie selbst für kluges, gutes und gerechtes Handeln halten. Es ist eine Empörung, die hochkommt, weil sich der von uns bevölkerte Planet augenscheinlich in einer heillosen Unordnung befindet, die unmittelbar dem kurzsichtigen und verantwortungslosen Tun der Menschen anzulasten ist. Aber wie können wir so genau wissen, dass dieses Tun tatsächlich so dumm ist, wie Sie denken, dass es sei? Ich kenne die geheimen Beweggründe nicht, derentwegen ein anderer handelt; ich verfüge nicht über das Auge Gottes, mit dem ich in die Menschen hineinblicken und ermessen kann, nach welchen Maximen sie handeln.

Dass es auf unserem Planeten so aussieht, wie es aussieht, könnte durchaus damit zusammenhängen, dass sich viele an sich löbliche Absichten nicht verwirklichen lassen. Damit, dass bei vielen Menschen der gute Wille zwar da ist, aber die Voraussetzungen für eine Umsetzung dieses guten Willens fehlen. Der mangelnde Erfolg ist kein Beweis für die Dummheit der zugrunde liegenden Absichten.

In der zweiten Hinsicht wird der Zustand der Welt und die Dummheit der Menschen auf ihre einseitige Orientierung an Eigeninteressen zurückgeführt. Auch bei dieser Erklärung treten Probleme auf. Zunächst, dass ich nicht weiß, wie wir wissen können sollten, dass alle oder doch die meisten Menschen ihr Handeln nur von selbstsüchtigen Motiven bestimmen sein lassen. Sodann scheinen häufig gerade Handlungen, die augenscheinlich kleinliches Eigeninteresse hinter sich lassen und auf die Beglückung der ganzen Menschheit abzielen, die fatalsten Folgen zu zeitigen. Beispiele hierfür finden sich in der gegenwärtigen Weltpolitik ausreichend. Schließlich ist gar nicht ausgemacht, dass das kurzsichtige Verfolgen von Eigeninteressen für die Welt unbedingt verheerend sein muss. So lebt die moderne Ökonomie vom (freilich unbeweisbaren) Glauben, der einst von Bernard de Mandevilles (1670–1733) »Bienenfabel« entfacht wurde, dass nämlich das rücksichtslose Verfolgen von Eigeninteressen am Ende die allgemeine Wohlfahrt nach sich ziehen werde. Dann hätte die Dummheit höchst erfreuliche Konsequenzen.

Die dritte Hinsicht stellt uns den Menschen schließlich als reines Triebwesen vor Augen, das nicht einmal zu einem bewussten Abwägen seiner Eigeninteressen im Stande ist. Obschon ich, wie gesagt, das Innenleben anderer Menschen nicht kenne, legt die Selbsterfahrung nahe, dass der Mensch ein derart roher Klotz nicht sei. Ich kann durchaus Entscheidungen gegen mein »Triebschicksal« treffen. Womöglich aber erscheinen die Resultate meines Abwägens den andern dumm. Dumm ist vielleicht schon, dass wir, wie Sie schreiben, es uns mit dem Abwägen zu einfach machen und es oftmals ganz unterlassen – um tumbe so zu handeln, wie wir und alle es immer gemacht haben.

A. U. S.

LEKTÜREVORSCHLAG:

Erasmus von Rotterdam: Das Lob der Torheit [1508]. Mit den
 Handzeichnungen von Hans Holbein dem Jüngeren.
 Übersetzt und herausgegeben von Uwe Schultz. Frankfurt
 am Main 1979.

Vergnügen und Heiterkeit

Lieber Herr Sommer,
wenn die Essenz von Kants Schriften tatsächlich heißt: »Alles, was Freude macht, ist moralisch nicht gut«, dann habe ich ihn endlich verstanden (vgl. »Lohnt es sich, ein guter Mensch zu sein?«). Nun ist meine eigene Moralvorstellung dem entgegengesetzt: Wenn ich nämlich mir selbst Vergnügen bereite und dadurch zwar vielleicht unvernünftig, aber glücklich und zufrieden bin, strahlt dies unmittelbar aus auf meine Umgebung, und ein paar meiner Mitmenschen werden ebenfalls etwas glücklicher und zufriedener. Was meinen Sie dazu?
Sabine D.

Lieber Herr Sommer,
wenn Sie doch bitte die Unterscheidungen zwischen »glücklich« und »fröhlich« herausarbeiten könnten. Es ist ja schon sehr viel, wenn ich glücklich wäre, so versuche ich immerhin, ein fröhlicher Mensch zu werden. Und da wir jeweils unterm Weihnachtsbaum so schön »Fröhlich soll mein Herze springen« singen, wäre eine philosophische Aufarbeitung dieser beiden Begriffe von großem Interesse.
Thomas K.

Liebe Frau D., lieber Herr K.,

Kant würde wohl sagen, das, was Freude macht, sei moralisch gleichgültig und könne dazu führen, dass wir unsere Pflicht zu Gunsten unserer sinnlichen Bedürfnisse vernachlässigten. Für moralisch gut hält er es gerade, unsere Glücksinteressen dem hintanzustellen, was die Vernunft unbedingt gebietet. Damit grenzt er sich entschieden von den damals landläufigen moralphilosophischen Konzepten ab. Die hielten es nämlich für den Gegenstand der Moralphilosophie, menschliche Glücksbedürfnisse zu befriedigen. Sie, Frau D., gehen in eine ähnliche Richtung.

Genauer erinnert Ihre Position an die des Sokrates-Schülers Aristippos von Kyrene (435–366 v. Chr.). Was Sie Vergnügen nennen, heißt bei Aristippos Hedoné (häufig mit »Lust« übersetzt) – und nach dieser Hedoné wird seine Schule die hedonistische genannt. Lust meint nicht einfach sinnliche Ausschweifung; sie wird vielmehr als sanfte Bewegung der Seele verstanden. Entscheidend ist für Aristippos, dass das Individuum souverän bleibt, seine Gefühlsregungen und Leidenschaften im Griff behält. So heißt es bei ihm: »Herr der Lust ist nicht, wer sich ihrer enthält, sondern wer sich ihrer zu bedienen weiß, ohne sich von ihr fortreißen zu lassen.«

Diese Art des Philosophierens kennzeichnet den Rückzug aus der öffentlichen, insbesondere politischen Verantwortung. Was für die Mitmenschen dabei abfällt, ist tatsächlich nur der Abglanz meines eigenen Glücks, meines Vergnügens, wie Sie schreiben. Freilich halte ich es für psychologisch recht schwerwiegend, dass das eigene Vergnügen anderen oft sehr viel Verdruss bereitet, nämlich Neid und Missgunst weckt. Um die Welt glücklicher zu machen, ist das eigene Glück häufig ein gänzlich unzureichendes Mittel.

Fröhlichkeit, lieber Herr K., ist ein Ausdruck, der in der Philosophie erst mit Friedrich Nietzsche heimisch wurde, während bis dahin der vornehmere Begriff der Heiterkeit seine Stelle einnahm. Fröhlichkeit pflegten Philosophen mit dem zumindest drohenden Verlust von Selbstkontrolle in Verbindung zu bringen. Denn in dieser Fröhlichkeit scheint sich ein freudiger Affekt zu äußern, der sich von der Vernunft nicht mehr beherrschen lässt. Daher hat die Fröhlichkeit – die Luther übrigens in seiner Bibelübersetzung vielerorts bemüht – auch ihren Ort eher in der Poesie und in der Religion: Fast schon mystische Verzückung spricht aus dem von Ihnen zitierten Lied von Paul Gerhardt: »Fröhlich soll mein Herze springen dieser Zeit, da vor Freud alle Engel singen«.

Den meisten Philosophen war derartige Exaltiertheit ungemütlich. Ihre Heiterkeit, die schon die Griechen den Göttern zuschrieben, bestand gerade in einer unerschütterlichen Seelenruhe, sich nämlich von irdischen Belangen nichts anhaben zu lassen. Darin ist sie wiederum der Lust bei Aristippos und dem Vergnügen bei Frau D. nahe verwandt. Erst Nietzsche machte mit seiner »fröhlichen Wissenschaft« auf eine Heiterkeit aufmerksam, die in der Erkenntnis gründet, dass Gott tot ist und sich alle Werte entwertet haben. Eine abgründige Heiterkeit der Verzweiflung, die alles, nur keine vergnügliche Sache mehr ist.

A. U. S.

LEKTÜREVORSCHLAG:

Friedrich Nietzsche: Die fröhliche Wissenschaft (»la gaya
　　scienza«) [1882/87]. In: ders., Sämtliche Werke. Kritische
　　Studienausgabe in 15 Einzelbänden. Hrsg. von Giorgio
　　Colli und Mazzino Montinari. München; Berlin; New York
　　²1988, Bd. 3, S. 343–651.

Die Seele der Tiere

Guten Tag, Herr Sommer,
Tiere spielen in meinem Leben eine große Rolle.
Ich liebe Tiere über alles. Seit 18 Jahren esse ich
kein Fleisch und keinen Fisch mehr. Wenn ich
Bilder sehe von Tierfabriken, werde ich traurig
und wütend zugleich. Abends, bevor ich
einschlafe, muss ich oft an Schlachthäuser denken
und daran, welche Tiere in diesem Moment
gerade umgebracht werden. Verstehen Sie mich
nicht falsch, unter meinen Freunden befinden
sich viele Fleischesser und ich akzeptiere dies.
Auch gehöre ich keiner militanten Gruppierung
an. Ich halte selber kein Haustier. Beruflich
beschäftige ich mich auch nicht mit Tieren.
Woher kommt diese Liebe zu Tieren? Und woher
kommen diese unterschiedlichen Bewertungen?
Hunde werden oft vergöttert, Schweine werden
geschlachtet und Insekten vernichtet man.
Christa B.

Liebe Frau B.,
das Verhältnis von uns Menschen zu den Tieren ist so zwiespältig, wie Sie es skizzieren. Offenbar machen wir feine Unterschiede, über die wir uns im Alltag nur selten Rechenschaft geben: Morgens unternehmen wir einen ausgiebigen Spaziergang mit unserem Hund, der uns zum besten Freund geworden ist, mittags hauen wir ein Steak in die Pfanne, abends trachten wir mit der Fliegenklatsche

einer Mücke nach dem Leben. Mit einem abstrakten Prinzip, dass etwa Leben um des Lebens willen zu schützen sei, wissen wir uns im Alltag gewöhnlich nicht zu helfen. Instinktiv scheinen wir gewisses Leben höher einzustufen als anderes, in unserem Beispiel das des Rindes höher als das der Mücke, das des Hundes höher als das des Rindes, das des Menschen höher als das des Hundes.

Je stärker wir ein Tier uns ähnlich machen, es vermenschlichen (etwa den Hund als Ersatz für ein Kind), desto stärker werden wir emotional dadurch vereinnahmt. Je ferner ein Tier von seiner äußeren Gestalt her dem Menschen steht, desto weniger wird im durchschnittlichen menschlichen Gefühlshaushalt sein Leben für schützenswert gehalten. Während gegen das »Morden von Robbenbabys« (wären sie für uns nicht so niedlich, sprächen wir vom »Töten von Jungtieren«) Brigitte Bardot die Entrüstung der Weltöffentlichkeit mobilisiert, sind unsere Empfindungen bereits bei Reptilien, Amphibien und Fischen nur noch lauwarm, während sie bei Insekten, Spinnen- und Kriechtieren ganz erkalten. Julia Roberts im Kampf gegen das kulinarische Massaker an Schnecken? Kaum vorstellbar!

Seit Raubtiere aufgehört haben, für die Bewohner der nördlichen und westlichen Hemisphäre eine reale Bedrohung darzustellen, lassen wir uns im Umgang mit Tieren fast völlig von unseren Sympathien und Antipathien leiten: Löwen und Tiger sind für uns nur noch sehr abstrakt gefährlich. So können sie zu Sympathieträgern in Zeichentrickfilmen werden. Ebenso wenig Schlimmes haben wir in unserem Alltag von Giftschlangen und Taranteln zu erwarten – dennoch ist die Abneigung sehr vieler Menschen gegen sie unüberwindlich.

Unser Verhalten Tieren gegenüber ist also häufig von Gefühlen bestimmt, über die eine abstrakte »Ehrfurcht vor dem Leben« (Albert Schweitzer) nur schwer Herr wird. Es ist zu bezweifeln, dass wir zu einem anderen Umgang mit Tieren kommen, wenn wir der These des italienischen Bischofs Hieronymus Rorarius von 1547 zustimmen, dass nämlich die Tiere häufig besser von der Vernunft Gebrauch machten als die Menschen. Diese These hat zwar ganze philosophische Schulen ins Wanken gebracht – solche nämlich, die Tiere für vernunftlos oder gar für Maschinen hielten. Aber von der Vernunft des Einzellers lassen wir uns normalerweise kaum beeindrucken.

Da unser Verhalten Tieren gegenüber weitgehend gefühlsbestimmt ist, macht im Kampf gegen einen rücksichtslosen Umgang mit ihnen der stete Hinweis auf die Leidensfähigkeit von Tieren mehr Sinn: Wie immer es um die Vernunft von Tieren bestellt sein mag, handelt es sich doch wohl um Wesen, die leiden können und deren Leiden man daher möglichst gering halten sollte. Was natürlich auch ein Argument dafür sein kann, die Mücke mit einem gezielten Schlag ins Jenseits zu befördern.

A. U. S.

LEKTÜREVORSCHLAG:

Friedrich Niewöhner; Jean-Loup Seban (Hrsg.): Die Seele der Tiere. Wiesbaden 2001 (Wolfenbütteler Forschungen, Bd. 94).

Null Bock

Lieber Herr Sommer,
alles widert mich an. Ich habe keine Lust mehr auf gar nichts. Ich will mich auch nie mehr für andere Menschen interessieren. Ich finde nur noch mein Auto geil. Ein Volvo Bertone. Kennen Sie dieses Modell? Wenn ich die Zeitungen lese, habe ich immer das Gefühl, dass man sich für Politik und den ganzen Mist interessieren müsste. Warum eigentlich? Ich meine, was hat das mit meinem Leben zu tun, wenn in Afrika irgendein Diktator sein ganzes Volk abschlachtet?
Ein Freund von mir sagt, ich wäre ein Nihilist und ich müsste mich dringend ändern. Warum eigentlich? Ich bin sogar zu faul, um mich selbst umzulegen. Was raten Sie mir? Soll ich in die Ferien fahren oder religiös werden? Jesus war cool, hing den ganzen Tag mit seinen Jüngern rum und hatte eine gute Zeit. Soll ich Christ werden?
N. A.

Lieber Herr A.,
nein, Ihren Volvo Bertone kenne ich nicht. Er wird auch nicht ganz so ausschauen wie jener orange Volvo Kombi 245dl, den mein Vater fuhr, als ich ein Kind war. Das war nicht gerade ein Auto, dessen Schönheit die Sinne hätte betören können. Aber man sehe es von weitem, der Farbe wegen, sagte mein Vater. Das sei im Nebel des Schwei-

zer Mittellandes mitunter überlebenswichtig. Fast genauso grell wie dieser orange Volvo Kombi erscheint mir Ihre Lebenshaltung, die Ihr Freund als nihilistisch charakterisiert. Man wird Sie im Nebel nicht übersehen.

Sie finden sich nicht einfach ab mit der Sinnlosigkeit des Daseins, sondern lehnen sich dagegen auf. Sie gehören nicht zu den Kuschern, die alles mit sich machen lassen, zu allem wie die Esel J-A sagen. Sondern Sie brüllen Ihren Widerspruch, Ihren Verdacht, dass alles wertlos und widerwärtig sei, jedem ins Gesicht – ob der das nun hören will oder nicht. Dass Sie das tun, anstatt bloß die Faust in der Tasche zu ballen und Ihren Zorn im Alkohol zu betäuben, ehrt Sie. Sie lassen sich nicht einreden, dass die Dinge wichtig sind, die man in der Zeitung und im Fernsehen für wichtig hält. Sie lassen sich nicht einreden, dass die Welt oder das Leben an sich einen Wert habe. Sie ziehen sich in Ihr Privatleben, zu Ihren Volvo Bertone zurück, weil Ihr Leben da, wo Sie selbst seine Inhalte festlegen, noch ein wenig Sinn machen könnte.

Da erscheinen Sie nun nicht als Nihilist, als brüllender Löwe, der alle Werte für nichtig hält. Sondern Sie erwecken den Anschein eines Weisen, der die Welt Welt sein lässt und sich ganz mit dem Eigenen begnügt.

Aber diese Genügsamkeit genügt Ihnen offenbar nicht. Sie wollen wissen, was Sie anders machen sollen. Natürlich könnten Sie wie so viele vor Ihnen, die mit sich und der Welt zerfallen waren, einen ganz neuen Weg gehen. Das Christentum? Es wirkte für zahllose Nihilisten vor Ihnen so anziehend, weil es diese Welt ebenfalls gründlich verachtete, aber doch eine andere, bessere in Aussicht stellte – als Belohnung für das Ausharren im irdischen Jammertal. Nur ist es außerordentlich schwierig, zum Kinderglauben an ein jenseitiges Himmelreich zurückzufinden. Und als Philosophietreibender, der von Jenseitswelten nichts weiß, kann ich Ihnen auch nicht raten, welcher Weg ins Christentum der erfolgversprechendste wäre. Ohnehin dürfte sich die Lebenshaltung des Jesus von Nazareth stark von dem unterschieden haben, was das Kirche gewordene Christentum aus ihr gemacht hat.

Bleiben wir also beim Diesseitigen, beim Irdischen. Ich rate Ihnen, Ihrem Protest gegen die Sinnlosigkeit der Welt ebenso treu zu bleiben wie dieser Welt. Also statt eines Selbstmordes aus Überdruss und Langeweile eine Lebenshaltung des Trotzes. Wer Ihren Brief liest, spürt an der Kraft Ihres Widerspruchs gegen das Landläufige, wie viel Kraft in Ihnen ist.

Warum diese Kraft nicht nutzen – und sei es zum weiterhin lautstarken Protest gegen die Sinnlosigkeit? Aber vor allem dazu, sich etwas zu schaffen, was von der Sinnlosigkeit deshalb nicht aufgefressen wird, weil Sie ihm selber Sinn geben. Weil Sie sagen, das ist es, was Ihrem Leben Sinn gibt. *Was* das ist, müssen Sie selber entscheiden. Aber es kann mehr sein als das Blankpolieren Ihres Volvo Bertone. Freunde vielleicht?

Sie haben ein Recht auf Ihren Nihilismus. Nutzen Sie ihn dazu, etwas aus sich zu machen. Ganz gleich, was andere darüber denken.

A. U. S.

LEKTÜREVORSCHLAG:
Jean-Paul Sartre: Der Ekel. Roman [La nausée – 1938]. Mit einem Anhang, der die in der ersten französischen Ausgabe vom Autor gestrichenen Passagen enthält. Deutsch von Uli Aumüller. Reinbek 1981.

Journalisten und Ethik

> Hallo, Herr Sommer,
> viele Tausend Informationen stürzen täglich aus Fernsehen, Radio, Zeitungen auf mich ein. Häufig weiß ich nicht, was denn wahr ist. Welchen Informationen kann ich trauen? Wie kann ich wissen, ob ich wirklich die wichtigen Sachen erfahre. Das, was ich wissen sollte. Wie kann ich wissen, dass die Journalisten sorgfältig arbeiten? Gibt es einen philosophischen Umgang mit den Medien?
> *Karina T.*

Liebe Frau T.,
nun stehen Sie selber in der Zeitung drin und wissen, dass Sie es sind, die diesen Leserbrief geschrieben hat. Sie vertrauen den Informationen, die Ihr Brief enthält (damit natürlich noch nicht meiner Erwiderung), aber eben nur, weil Sie wissen, dass das, was Sie geschrieben haben, auch das ausdrückt, was Sie beschäftigt. Alle andern Leser wissen das nicht; ja, sie können nicht einmal wissen, ob es überhaupt eine Karina T. gibt, die Leserbriefe schreibt.

Und ich selbst? Bin ich als »Medienschaffender« für die Erschaffung von Informationen zuständig, die womöglich ganz und gar aus der Luft gegriffen sind – oder was schafft ein »Medienschaffender«? Glücklicherweise sprechen Sie mich als Philosophietreibenden an, den Sie in Wahrheitsfragen für zuständig halten und von dem Sie ein Kriterium erhoffen, wie Sie wahre von falscher Information trennen können. Es tut mir leid, dass ich über ein solches Kriterium nicht verfüge. Denn Sie wollen von mir ja nicht wissen, dass gute Informationen zumindest den Anschein von Wahrscheinlichkeit haben sollten – gedeckt etwa durch den so genannten gesunden Menschenverstand oder die Gesetze der Naturwissenschaft.

Dass Sie Medieninformationen nicht trauen dürfen, die davon berichten, es habe gestern abend Kröten und Frösche geregnet, wissen Sie selber. Unter der Voraussetzung, dass Sie den Gegenstand, um den es geht, nicht selber in Augenschein nehmen können, empfiehlt es sich immer, die so genannte quellenkritische Methode der Geschichtswissenschaft anzuwenden. Sie besteht darin, die verfügbaren Quellen in Hinsicht auf einen Gegenstand miteinander zu vergleichen. Wie wird der gleiche Sachverhalt von anderen gedeutet? Wird er überhaupt gesehen?

Aber entscheiden, was Sie für wahr halten, müssen Sie stets selber. Denn der Umstand, dass über ein Ereignis nur in einer einzigen Zeitung berichtet wird, sämtliche anderen Medien darüber schweigen, kann einerseits ein Indiz dafür sein, dass das Ereignis erstunken und erlogen ist. Andererseits kann dies auch bedeuten, dass das fragliche Blatt besonders guten »investigativen« Journalismus betreibt und Sachverhalte aufdeckt, die sonst unentdeckt blieben. Da hilft Ihnen Hintergrundwissen womöglich weiter, nämlich darüber, welchen Ruf die Zeitung genießt, ob sie als tendenziöses Parteiblatt oder als hervorragendes und unabhängiges Produkt der Weltpresse gilt. Aber auch auf diesem Weg erlangen Sie keine garantierten Wahrheiten, sondern nur Wahrscheinlichkeiten.

Welchen Umgang Journalisten mit der Wirklichkeit pflegen sollten, um »standesethischen« Ansprüchen zu genügen, diskutiert der Schweizer Philosoph und Journalist Martin R. Schütz in einem aufschlussreichen neuen Buch. Schütz entwirft eine an die griechischen Philosophen Platon und Aristoteles angelehnte Tugendethik, die die Journalisten in ihrer täglichen Arbeit auf sieben Tugenden verpflichten will: Besonnenheit, Tapferkeit, Weisheit, Klugheit, Wahrhaftigkeit, Offenheit und Gerechtigkeit. Man wird sehen, wie weit dieses Anliegen beim nächsten großen Krieg mit »embedded journalists« zur Selbstdisziplinierung der »medienschaffenden Zunft« beiträgt. Beim Umgang mit medial vermittelter Information ist skeptische Distanz jedenfalls eine gute Begleiterin. Gerade, weil die mediale Aufbereitung von Informationen nie ganz neutral, sondern immer von Interessen gefärbt ist.

A. U. S.

LEKTÜREVORSCHLAG:

Martin R. Schütz: Journalistische Tugenden. Leitplanken einer Standesethik. Wiesbaden 2003.

Beruf und allgemeiner Nutzen

Lieber Herr Sommer,
wie kann ich herausfinden, in welchem Beruf ich anderen Menschen am meisten nütze? Ich kann mich leider nicht genauer ausdrücken, weil ich selber nicht weiß, was andere Leute zurzeit am meisten brauchen. Ich hoffe, Sie verstehen mich trotzdem. Bitte nehmen Sie meine Frage ernst, auch wenn sie Ihnen vielleicht zu naiv erscheint. Sprüche wie: »In jedem Beruf kann man nützen oder schaden, also sollten Sie besser herausfinden, welcher Ihnen am ehesten entspricht«, bekomme ich bei jedem Berufsberater gratis. Außerdem denke ich nicht, dass anderen Menschen wirklich gedient wäre, wenn ich beispielsweise Müllfrau würde – es sei denn, es gäbe einen Personalmangel bei der Müllabfuhr ... Oder bin ich vielleicht dann am nützlichsten, wenn ich eine Menge Geld verdiene und einer gemeinnützigen Organisation spende, die damit in anderen Regionen der Welt mehrere einheimische Mitarbeiter bezahlen kann?
M. S.

Liebe Frau S.
Sie sind ja offensichtlich schon entschlossen, Ihre Berufswahl unter dem Aspekt größtmöglichen Nutzens für die größtmögliche Menschenanzahl zu betreiben. Damit haben Sie bereits die Wahl für ein philosophisches Prinzip

getroffen, von dem aus Sie Ihr Leben organisieren wollen, nämlich das Prinzip des Utilitarismus.

Das philosophische Fragen beginnt jedoch zwei, drei Schritte früher. Sie werden es mir daher nachsehen, wenn ich diese zwei, drei Schritte zurückgehe. Das Prinzip des Utilitarismus setzt erstens voraus, dass man grundsätzlich weiß, was der größtmögliche Nutzen für die größtmögliche Zahl ist. Zweitens, dass sich dieser Nutzen irgendwie quantifizieren lässt, dass es also, objektiv betrachtet, größere und kleinere Nutzenmengen gibt und dass man in jeder Situation auch bestimmen kann, welche Nutzenmengen sich je nach Handlung einstellen werden.

Das Problem besteht nun darin, dass ich als Mensch immerzu mit perspektivischem Wissen vorlieb nehmen muss, ich also bestenfalls sagen kann, in der Situation Y scheint mir die Handlung X den größten Nutzen zu zeitigen, diese Einschätzung aber von so vielen Unbekannten abhängt, dass ich sie womöglich im nächsten Augenblick wieder zu verwerfen gezwungen bin. Wir sind weit von der unbestechlichen und souveränen Übersicht jenes Gottes entfernt, den die Theologie und lange Zeit auch die Philosophie gepredigt haben; wir sind, kurz gesagt, einfach nicht genügend gut informiert, um mit Gewissheit sagen zu können, was für die anderen Menschen – über ihre unmittelbaren Überlebensbedürfnisse hinaus – von Nutzen ist.

Diesen ernüchternden Sachverhalt kann man sich mit zwei Beispielen veranschaulichen: Selbstverständlich waren Inquisitoren ebenso wie die überwiegende Mehrheit der Bevölkerung jahrhundertelang überzeugt, dass es dem größtmöglichen Nutzen der größtmöglichen Zahl zugute komme, wenn man Hexen verbrenne. Ebenso selbstverständlich hegten diejenigen Wissenschaftler, die die Atomkernspaltung ziviler und militärischer Nutzung zuführten, die Gewissheit, dass Atombomben und Kernkraftwerke größtmöglichen Nutzen für die größtmögliche Zahl erbrächten. Bei beiden Beispielen sind wir heute gar nicht mehr sicher, dass die Überzeugungen der damaligen Akteure mit der Wirklichkeit übereinstimmen.

Der Utilitarismus könnte demnach allenfalls in abgeschwächter Form sinnvoll sein, dann nämlich, wenn ich mir als handelnde Person bewusst bin, dass das Urteil, was für andere Menschen nützlich ist, ein ganz persönliches Urteil ist.

In allen Gesellschaften hoch im Kurs steht Aufopferungsbereitschaft für andere Menschen. Wenn Sie solche Aufopferungsbereitschaft verspüren, fänden Sie vielleicht in der Obdachlosenbetreuung in einer Großstadt oder als Rotkreuz-Mitarbeiterin auf einem Bürgerkriegsschauplatz in Zentralafrika ein Ihnen entsprechendes Tätigkeitsfeld. Wenn Sie jedoch auf diese Weise Ihr Eigenes dem Allgemeinen opfern wollen, sollten Sie stets wissen, dass der größtmögliche Nutzen für die größtmögliche Zahl das ist, was *Sie persönlich* dafür halten. Keineswegs mit Sicherheit das, wovon man in hundert Jahren urteilen wird, es sei von größtmöglichem Nutzen gewesen.

A. U. S.

LEKTÜREVORSCHLAG:

John Stuart Mill: Der Utilitarismus. Übersetzung,
   Anmerkungen und Nachwort von Dieter Birnbacher.
   Stuttgart 1976 u. ö.

Ausgrenzung und Selbstbehauptung

> Lieber Herr Sommer,
> ich fühle mich in der Schule ausgestoßen. Ich weiß nicht, woran es liegt. Ich finde einfach keine Freunde. Wenn es darum geht, wer mit wem Gruppenarbeit macht, bleibe ich häufig übrig. Dabei bin ich nicht dumm. Ich muss eine dicke Brille tragen, das sieht nicht cool aus, aber das ist ja nicht meine Schuld. Vielleicht bin ich zu scheu. Ich gehe nicht von mir aus auf die anderen zu. Manchmal versuche ich es, aber das bringt auch nichts. Ich weiß nicht richtig, wie man es macht, dass man beliebt wird. Können Sie mir einen Rat geben? Kennen Sie das Problem?
> *Kevin W.*

Lieber Kevin,
tatsächlich kenne ich Ihr Problem aus eigener Erfahrung. Aus dieser Erfahrung heraus kann ich allein sprechen, nicht als pädagogisch-psychologischer Fachmann für soziale Integration, der ich nun einmal nicht bin.

Meine Erinnerung sagt mir, dass die Frage, wie ich Anschluss in der Schule finden könnte, aufhörte, ein Problem zu sein, als ich bewusst darauf zu verzichten begann, diesen Anschluss um jeden Preis erzwingen zu wollen. Unentwegt habe ich mir damals eingeredet – und schließlich mit einigem Erfolg –, es sei unerheblich, ob mich meine Schulkollegen hänselten oder nicht, ob sie mich achteten oder nicht, ob ich Freunde hätte oder nicht. Es war dies wohl – muss ich mir heute eingestehen – ein Programm der Selbsttäuschung, dem ich mich da unterwarf: Als Mensch lebt man nun einmal in Gemeinschaft mit anderen Menschen.

Und es ist furchtbar, wenn diese Menschen einem ihre Gemeinschaft verweigern. Dennoch war dieses Programm befreiend, denn es entband mich davon, Dinge zu tun, zu denen ich mich freiwillig nie hergegeben hätte. Ich hörte auf, in den Pausen mit den anderen Jungs Fußball zu spielen, bloß weil es »in« war, Fußball zu spielen – ein Sport, für den ich weder Neigung noch Begabung mitbrachte, sodass ich ohnehin immer nur einen schlechten Torwart abgegeben hatte, den niemand draußen auf dem Spielfeld hatte haben wollen – und auch im Tor nur zur Not. Ich hörte auf, krampfhaft das Gespräch über Fernsehsendungen zu suchen, die ich mir am Vorabend nur angeschaut hatte, weil ich wusste, dass sie Gesprächsthema sein würden. An meiner Meinung zum Thema war ohnehin niemand interessiert. Ich hörte auf, mir jene Musik zuzumuten, deren Urheber auf großen Abziehbildern auf den Schultaschen meiner Kameraden (und insbesondere Kameradinnen) prangten, die meinem Trommelfell aber doch nur Qualen bereitete. Ich hörte auf, mein Urteil nach denen zu richten, deren Achtung und – im Falle der Mädchen – deren Liebe ich gerne gewonnen hätte.

Und dann, als ich etwa dreizehn war, geschah das kleine Wunder: Weil ich »mein eigenes Ding machte«, in gespielter Gleichgültigkeit all dem gegenüber, was meine Klassenkameraden umtrieb, erwachte bei diesen so etwas wie ein leises Interesse an meinem Anderssein. Nicht, dass mir die Mädchen scharenweise hinterhergelaufen wären oder ich über Nacht unter den Jungs zum Alphatier aufgestiegen wäre. Aber es stellte sich doch nach und nach jene Achtung ein, die ich lange entbehrt hatte, als ich um die Aufmerksamkeit buhlte und unbedingt beliebt sein wollte. Meine Meinung, die niemand hören mochte, solange ich den anderen bloß nach dem Mund redete, war plötzlich interessant, weil sie gewöhnlich anders war als die der meisten – ein bisschen verschroben auch.

Was ich Ihnen also rate? Sich vielleicht nicht, wie ich es tat, einem Programm der Selbsttäuschung zu verschreiben, die Mitmenschen bräuchten mich nicht zu kümmern, aber doch in erster Linie das ins Auge zu fassen, was Sie für sich für wichtig, für wesentlich halten. Tun Sie Ihr Eigenes – am besten mit etwas weniger Verbissenheit und mit etwas mehr Selbstironie, als ich es tat. Halten Sie sich offen für das Interesse, das Ihre Kameraden Ihnen vielleicht doch früher oder später entgegenbringen. Halten Sie sich offen für eine Welt außerhalb Ihres Kopfes – und vergessen Sie doch nie, dass es allein Ihr Kopf ist, der aus dieser Welt da draußen das macht, was für Sie von Belang ist.

A. U. S.

LEKTÜREVORSCHLAG:
Thomas Mann: Tonio Kröger. Berlin 1903.

Ängste, größer als ich

Sehr geehrter Herr Sommer,
ich leide unter einem großen Problem, bei dem Sie mir wahrscheinlich nicht helfen können. Trotzdem schreibe ich Ihnen, weil ich wissen möchte, was Sie dazu zu sagen haben. Ich habe immer wieder Zeiten, in denen ich von großen Ängsten überfallen werde, aber nicht vor Gespenstern (vgl. »Gespensterfurcht und Daseinsangst«). Ich habe dann Angst davor, mich in einem Restaurant anzustecken, zum Beispiel mit AIDS, denn man weiß ja nie, ob der Koch nicht HIV-positiv ist. Oder ich habe allgemein Angst, mit Leuten in Kontakt zu treten, denn sie könnten mich ja mit einer Krankheit anstecken. Entdecke ich irgendwo einen kleinen Fleck, renne ich sofort zum Arzt. Ich habe schon acht AIDS-Tests machen lassen. Zu der Zeit, als SARS aktuell war, litt ich regelrecht unter Menschenangst. Ich ließ mich krankschreiben, weil ich mich nicht mehr auf die Straße traute. Und irgendwie war ich ja auch krank. Ich weiß, dass meine Ängste übertrieben sind. Eine kleine reale Basis haben sie aber immer, das macht meine Sache so schwierig. Natürlich war ich auch schon bei einem Psychologen, der mir aber nicht helfen konnte. Können Sie irgendetwas dazu sagen?
Reto P.

Lieber Herr P.,

auf Ihr Problem gibt es leider nur sehr bedingt eine philosophische Antwort, haben Ihre Angstzustände doch Ausmaße angenommen, die Sie in gemeinsamer Arbeit mit einem Psychologen bewältigen sollten – trotz der nicht fruchtbaren Erfahrung, die Sie offenbar mit einem solchen gemacht haben. Was nicht bedeutet, dass Angst für Philosophen kein Thema wäre, im Gegenteil.

Der englische Philosoph Thomas Hobbes (1588–1679) zum Beispiel hielt *desire* (Begehren) und *fear* (Angst) für die Grundantriebe des menschlichen Daseins: Einerseits wird der Mensch von einem unablässigen Trachten nach immer mehr bestimmt. Andererseits muss er fürchten, dass die anderen Menschen, die von ebenso starkem Begehren getrieben werden, ihn bedrängen und beseitigen, um an das zu kommen, was er sich angeeignet hat. Solange sich die Menschen nicht verträglich darauf verständigen, ihre Ansprüche gegenüber dem jeweils anderen, damit ihre Gewaltbereitschaft einzuschränken, regiert der »Krieg aller gegen alle«. In diesem Zustand »herrscht, was das Schlimmste von allem ist, beständige Furcht und Gefahr eines gewaltsamen Todes – das menschliche Leben ist einsam, armselig, tierisch und kurz«.

Es liegt nach Hobbes im ureigenen Interesse der Menschen, auf ihre Gewaltbereitschaft zu verzichten und das Recht auf physische Gewaltausübung an einen Dritten, Souverän genannt, abzutreten. Staat entsteht da, wo die Individuen in ein Vertragsverhältnis zueinander treten und ihr Gewaltrecht an den Souverän delegieren. Der Staat dient, so Hobbes, der Beseitigung der Gefahren, die mir von anderen Menschen drohen. Damit sorgt er für Angstbewältigung, baut er doch die Ursachen unserer berechtigten Ängste ab.

Dies gilt, kann man Hobbes weiterführen, für eine Vielzahl von Einrichtungen unserer modernen Welt: Wir haben das Gesundheitswesen, um unsere Furcht vor schmerzhafter Krankheit zu minimieren; wir haben die Lebensmittelaufsicht, damit wir im Restaurant oder im Supermarkt nicht fürchten müssen, vergiftet zu werden; wir haben Bestattungsunternehmen, um die Furcht vor dem Tod vergessen zu machen; und schließlich haben wir Versicherungen, um uns gegen die Angst überhaupt zu versichern.

Aber, und das ist die andere Seite, die Komplexität unserer Welt mit all ihren Institutionen der Angstbewältigung wird für uns immer weniger durchschaubar. Dies schürt jene neuen Ängste, unter denen Sie massiv leiden.

Was man dagegen tun kann? Sich in der Nachfolge der Stoiker unentwegt daran erinnern, dass die meisten Dinge die Angst nicht wert sind, die wir darauf verschwenden. Sich immer wieder vor Augen führen, dass, selbst wenn der schlimmste Fall einträte, das, was wir verlieren würden, vielleicht recht geringfügig ist. Selbst wenn wir das Leben verlieren – wovor wir uns vorzüglich ängstigen – verlieren *wir* damit nichts, denn wir haben dann ja schon aufgehört zu sein. Wie Epikur einmal bemerkte: Wo der Tod ist, sind wir nicht; wo wir sind, ist der Tod nicht.

A. U. S.

LEKTÜREVORSCHLAG:

Thomas Hobbes: Leviathan oder Stoff, Form und Gewalt eines
 kirchlichen und bürgerlichen Staates [1651]. Hrsg. und
 eingeleitet von Iring Fetscher, übersetzt von Walter
 Euchner. Frankfurt am Main 1991.

Mensch ist Mensch?

Lieber Herr Sommer,
bei mir bildete sich hartnäckig die Frage, ob es grundsätzliche quantitative Unterschiede in Wert und Bedeutung von verschiedenen Menschen gibt. Mit anderen Worten: Gibt es Menschen, die mehr wert sind als andere? Rein rational bin ich zu dem Schluss gekommen, dass es zumindest in der Bedeutung Unterschiede geben könnte. Lässt sich das nun auch auf den Wert eines Menschen übertragen? Ethisch gesehen habe ich dabei zum Glück kein gutes Gefühl, aber rein rational kann ich es mir bis jetzt nicht anders erklären. Wenn der Tod von hundert Professoren schwerwiegender wäre als der Tod von hundert Bäuerinnen, würde daraus nicht folgen, welche Bedeutung die jeweilige Gruppe im Gefüge der Gesellschaft besitzt?

Severin S.

Lieber Herr S.,
tatsächlich gehört es zum moralischen Konsens unserer modernen westlichen Gesellschaften, dass jedem Menschen der gleiche unbedingte Wert zukomme, ganz unabhängig von dem, was er leistet oder nicht leistet. Gerade die Erfahrung mit Ideologien, die den Wert von Menschen zum Beispiel von rassischen Merkmalen abhängig machen wollen, hat den westlichen Gesellschaften diesen moralischen Konsens eingeimpft.

Dass die Lehre vom unbedingten und gleichen Wert jedes einzelnen Menschen eine Menge philosophischer Probleme nach sich zieht, deuten Sie in Ihrem Brief allerdings schon an: Wann beginnt dieser unbedingte Wert des Menschen? Bei der Verschmelzung von Samenzelle und Eizelle? Wann endet er? Ist es plausibel, dass Hitler oder Stalin als Menschen derselbe »unbedingte« Wert zukommen soll wie Mutter Teresa oder Gandhi?

Worauf beruht dieser Wert, wenn doch, wie Sie zu Recht schreiben, der gesellschaftliche Nutzen dessen, was die einzelnen Menschen tun, höchst unterschiedlich ist? Also offensichtlich – um zumindest die letzte Frage aufzugreifen – gerade nicht auf der jeweiligen Leistung für die Gesellschaft. Wäre dies der Fall, müssten wir den Wert von Menschen unendlich abstufen – und wären dazu noch unsicher, wie wir konkret werten sollen.

Wie sieht es etwa mit Kindern aus, die der Gesellschaft noch keinen sichtbaren Nutzen bringen, dereinst womöglich große Wohltäter oder große Verbrecher werden? Ist ihr Wert bloß potenziell? Oder wie steht es mit jemandem wie Galileo Galilei, dessen epochale Leistung von der Gesellschaft, in der er lebte, kaum anerkannt wurde, dessen gesellschaftsrelevante Leistung jedoch Jahrhunderte später in hellstem Licht steht?

Schließlich: Unter welcher Perspektive soll man die Leistung beurteilen? Denn, um Ihr Beispiel aufzunehmen, ist es so sicher, dass hundert Professoren der Gesellschaft »mehr bringen« als hundert Bäuerinnen? Ohne landwirtschaftliche Güter wird eine Gesellschaft kaum überdauern, ohne professorale Erkenntnisse vermag sie es hingegen schon.

Kurzum: Nutzenrechnungen zur Wertbestimmung von Menschen bringen viel mehr Probleme hervor als sie lösen. Aber andere, allgemein akzeptierte Wertbestimmungsstrategien sind keine in Sicht. So wird man die Lehre vom unbedingten Wert jedes einzelnen Menschen als das akzeptieren müssen, was sie ist, nämlich eben als Ausdruck eines gesellschaftlichen Konsenses, entworfen zur Abwehr bestimmter Ideologien, die sich politisch in Gestalt des Totalitarismus ausmünzten.

Bei dieser Lehre handelt es sich um eine metaphysische Setzung, nahe verwandt der theologischen Überzeugung, dass dem Menschen als Geschöpf Gottes ein unbedingter Wert zukomme. Und als eine solche metaphysische Setzung ist sie bestimmt angreifbar. Bloß fragt es sich, wie klug es wäre, sie anzugreifen. Gewisse Überzeugungen sind womöglich heilsam, selbst dann, wenn man über ihre Wahrheit nichts Sicheres weiß.

A. U. S.

LEKTÜREVORSCHLAG:

Giovanni Pico della Mirandola: Oratio de hominis hominis /
 Rede über die Würde des Menschen [1486].
 Herausgegeben und übersetzt von Gerd von der Gönna.
 Stuttgart 2001.

Was Treue bedeuten kann

Lieber Herr Sommer,
zwei Ehepartner, seit fast einem Vierteljahrhundert verheiratet, wohl bemerkt sehr glücklich, stoßen seit Jahren auf das immer gleiche Problem. Sie sind recht unterschiedlich und haben im Laufe der Jahre gelernt, sich die notwendigen Freiräume zuzugestehen, um ihre unterschiedlichen Interessen und Leidenschaften zu pflegen. Mit einer Ausnahme, bei der sie sich immer noch nicht schlüssig sind, wie das zu lösen wäre. Die Frau hat bizarre sexuelle Neigungen, die er nicht teilt, nicht teilen kann. Und da wird es schwierig mit dem großzügigen Laissez-faire. Der Kopf sagt Ja, das Herz sagt Nein. Mich würde es interessieren zu wissen, wie die Treue philosophisch begründet ist. Was genau ist Treue? Wann wird sie gebrochen?
G. K.

Liebe Frau K.,
gewöhnlich verstehen wir Treue, zumal eheliche Treue, als eine weitgehende Verpflichtung und Selbstbindung, die wir gegenüber einem andern eingegangen sind und an die wir uns nach Geist und Buchstabe bis zum Ende unserer Tage halten werden. Ehe wird dann – was sie im juristischen Sinne ja ist – als ein Vertragsverhältnis verstanden, das beiden Vertragspartnern die Einhaltung bestimmter Regeln und die Erfüllung bestimmter Pflichten abverlangt.

Freilich kann Ehe auch als ein Vertragsverhältnis verstanden werden, das für die Neuaushandlung der jeweils geltenden Bedingungen offen bleibt: Ehe nicht als starres Korsett, das die Partner einpfercht und keine Lockerung zulässt, sondern als eine Lebensform, die immer wieder neu definiert werden soll. So ist es womöglich nicht glücklich, wenn wir eheliche Treue in erster Linie juristisch als Festlegung auf bestimmte Verhaltensweisen verstehen, die andere Verhaltensweisen wiederum prinzipiell ausschließen.

Stattdessen schlage ich vor, eheliche Treue mit dem Begriff des Vertrauens zu fassen: Vertrauen als ein frei gewähltes Sich-Einlassen auf den anderen. Ein Einlassen, auf das wir übrigens auch in den alltäglichen Situationen der Ungewissheit nicht verzichten können. In einer Partnerschaft bedeutet Vertrauen: Ich glaube zu wissen, dass ich auf sie oder ihn, der oder dem ich völlig traue, bauen kann. Ich glaube zu wissen, dass er oder sie die eigenen Interessen nicht auf meine Kosten verwirklichen wird – und bin mir zugleich bewusst, dass gerade ein solches Verhalten an sich äußerst unwahrscheinlich ist.

Wer eine Ehe eingeht, lässt sich auf dieses Wagnis des Vertrauens ein und hofft zugleich, dass dieses Wagnis keine naive Vertrauensseligkeit sei. Wenn dieses Vertrauen fest gegründet ist – und die Ehesituation, die Sie, Frau K. schildern, legt es nahe, dass es sich im gegebenen Fall so verhält –, dann braucht man sich nicht mit schulmäßigen Auslegungen ehelicher Treue aufzuhalten. Dann legen Sie selber und stets von neuem fest, wie die Treue aussehen soll, die Sie voneinander und von sich selbst verlangen. Da sind große Freiräume möglich, auch weit jenseits dessen, was die landläufige Sexualmoral gutheißt.

Schließlich ist daran zu erinnern, dass es nicht nur Treue einem anderen Menschen gegenüber gibt, sondern auch die Treue sich selbst gegenüber. So definiert der Romantiker Friedrich Schlegel (1772–1829) Treue als »ein Beharren« beim Eigenen, als »freiwilliges Anhalten« und als »Selbstbeschränkung« des eigenen »Überflusses von Tätigkeit«. Nach Schlegel ist die Treue zu sich selbst Voraussetzung von Treue gegenüber anderen.

Möglicherweise ist es also ein Akt der Treue zu sich selbst, wenn man seine bizarren sexuellen Wünsche auslebt. Nur: Wie erfährt man, was das Selbst ist, dem man treu sein soll? Wahrscheinlich nur, indem man sich auf die Welt um einen herum einlässt. Und manchen seiner Mitmenschen vertraut.

A. U. S.

LEKTÜREVORSCHLAG:
Bernd Lahno: Der Begriff des Vertrauens. Paderborn 2002.

Eile mit Weile

Guten Morgen, Herr Sommer,
wenn ein Dreijähriger ein Mountainbike untergeschoben bekommt, dann wird er zwanzig Jahre später mit großer Wahrscheinlichkeit im 180-km/h-Tempo über die Autobahn rasen. Tempo ist lernbar. Dem knapp dem Säuglingsalter entwachsenen Jungen wird klargemacht, dass so ein Mountainbike kein gewöhnliches Velo sei – und schon gar nichts für Naturschwärmer und Langweiler. So bewegt sich heute alles in beinah doppelter Geschwindigkeit als vor 50 Jahren: arbeiten, sprechen, essen, trinken, fahren, fliegen, laufen, sterben. Jeder läuft sich selbst davon. Und die Beschleunigungen nehmen noch zu; und sie gehören offensichtlich zum Erziehungswesen. Man könnte es doch einmal anders herum überdenken und alle Tempi in allen Lebensbereichen halbieren. Wäre das machbar?
R. L.

Lieber Herr L.,
der Ruf nach Rehabilitation der Langsamkeit, in den Sie einstimmen, ist nicht erst mit Sten Nadolnys Bestseller-Roman »Die Entdeckung der Langsamkeit« (1983) zum ersten Mal erklungen. Philosophie scheint eine geradezu prädestinierte Verteidigerin der Bedächtigkeit zu sein. Empfiehlt sie nicht das wiederkäuende Denken? Ein Den-

ken, das immer wieder zu seinem Ausgangspunkt zurückkehrt, alle Wege lieber dreimal abschreitet und keine Schlüsse übereilt?

Ja, manche Philosophen wie etwa Parmenides (um 515–445 v. Chr.) leugnen, dass es in Wirklichkeit überhaupt Werden und Vergehen gebe. Das sei bloß Täuschung; »eigentlich« existiere nur das in sich ruhende, von aller Veränderung und damit auch von aller Beschleunigung unberührte Sein. Allerdings hat dieser radikale Verzicht, unsere Sinneserfahrung als Wirklichkeitserfahrung zu würdigen, beileibe nicht alle Philosophen auf die seinsstarre Linie des Parmenides eingeschworen. Heraklit (um 550–480 v. Chr.) beispielsweise war dem Sein ganz abhold und fand stattdessen in einem ewigen Prozess des Werdens und Vergehens das Wesen des Kosmos.

Geschwindigkeit, die Geschwindigkeit der Veränderung zeigt an, dass alle uns durch die Sinne bekannten Dinge vergänglich sind – was Philosophen noch mehr zu schaffen macht als anderen Menschen. Jedenfalls haben manche von ihnen eine übersinnliche Gegenwelt zur sinnlich wahrnehmbaren Welt entworfen, in der es keine Veränderung und damit auch keine Beschleunigungen gibt, die unsere Orientierung hindern.

Ein schönes Bild für das Zusammengehen von Beschleunigung und Ruhe fand Erasmus von Rotterdam (1469–1536) in der Druckermarke seines Freundes, des Buchdruckers Aldus Manutius: Sie zeigt einen Delphin, der sich um einen Anker windet. Dazu passt, so Erasmus, die Devise »festina lente«, »eile mit Weile!«, die der Humanist nicht nur dem Buchdrucker ins Stammbuch schreiben will. »Eile mit Weile!« ist die paradoxe Aufforderung, seinen Lebensweg so rasch wie der Delphin zu verfolgen und doch immer einen sicheren Ankerplatz zu haben.

Aber gerade diesen Ankerplatz haben wir, wie Sie, lieber Herr L., feststellen, nicht mehr. Unsere Lebenswelt ist seit der Erfindung der Eisenbahn und der Telekommunikationsmedien von ungeheuren Beschleunigungen geprägt, die uns Menschen anscheinend gar nicht mehr zur Ruhe und zur Bedächtigkeit, zur Bedachtsamkeit kommen lassen. Der französische Städteplaner und Philosoph Paul Virilio hat diesen epochalen Umbruch der menschlichen Geschichte eingehend geschildert und seiner Furcht Ausdruck gegeben, der Mensch sei über kurz oder lang der Geschwindigkeit seiner Maschinen nicht mehr gewachsen und verurteile sich selbst zu einem rasenden Stillstand. Ein Stillstand, der die meisten Menschen in stumpfer Trägheit versumpfen lasse.

Aber stumpfe Trägheit muss meiner Meinung nach nicht das letzte Wort sein: Denn der Umstand, dass uns unsere elektronischen Prothesen, die Maschinen den Kampf um die größtmögliche Geschwindigkeit abnehmen, schenkt uns Freiräume, unser Leben bedächtig in Angriff zu nehmen. Verstauen Sie also das Mountainbike des Dreikäsehochs im Keller und machen Sie mit ihm einen Waldspaziergang!

A. U. S.

LEKTÜREVORSCHLAG:
Paul Virilio: Revolutionen der Geschwindigkeit. Aus dem Französischen von Marianne Karbe. Berlin 1993.

Reichtum – nein danke?

Lieber Herr Sommer,
was macht viel Geld mit einem? Hat Reichtum eine Verschiebung der Wirklichkeitswahrnehmung zur Folge? Der Graben zwischen den wenigen ganz Reichen und den vielen mit kleinen Einkommen ist riesengroß geworden in den letzten Jahren. Die Reichen werden immer reicher. Und gerade die, die es haben, wollen immer noch mehr haben und kämpfen für massive Steuersenkungen. Sind das einfach riesengroße Geizkragen?

Sabine M.

Liebe Frau M.,
dass Geld ein merkwürdig' Ding mit mancherlei metaphysischen Mucken ist, kam in diesen Spalten auch schon zur Sprache. Diese Mucken ändern nichts daran, dass einige immer mehr Geld ihr Eigen nennen, viele andere immer weniger. Wie aber, fragen Sie, verändert Geld, insbesondere viel Geld, also Reichtum im ganz materiellen Sinn des Wortes, unser Wirklichkeitsverständnis? Meinen wir, wenn wir reiche Leute sind, dass uns die ganze Welt zu Füßen liege? Halten wir dann alles für käuflich, weil doch jeder Mensch seinen Preis habe und man also diesen nur hoch genug veranschlagen müsse, um mittels Geld über jeden und jede Macht zu bekommen?

Unsere Gesellschaft ist bekanntlich eine kapitalistische, die es ihren Mitgliedern freistellt, im Rahmen des rechtlich Erlaubten nach Belieben Reichtümer anzuhäufen. Für das Verleihen von Geld Zins zu nehmen und für das Bereitstellen von Geld Zins zu bekommen ist in dieser Gesellschaft eine Praxis, die keineswegs wie im Mittelalter soziale Ächtung nach sich zieht: Jedes Kind hat ein Sparkonto und speist Großmutters Weihnachtsbatzen in den weltumspannenden Kapitalfluss ein, um nach ein paar Jahren eine erkleckliche gewachsene Summe in ein Mofa oder eine Weltreise zu verwandeln. Niemand käme noch auf die Idee, wie Aristoteles die Zinsvermehrung von Geld für etwas Widernatürliches zu halten und den Gebrauch von Geld nur für unmittelbare Tauschzwecke zuzulassen. Ein bisschen Sparen mit Zins und Zinseszins, ein bescheidener Reichtum darf doch wohl sein!, sagen wir uns.

Dennoch ist in unserer scheinbar so kapitalistischen Welt ein Misstrauen dem Reichtum gegenüber tief verwurzelt. Zum einen ist da das unabweisbare Empfinden, es sei ungerecht, dass ein paar wenige über Milliarden verfügen, während Menschen-Milliarden kaum wissen, wie sie das Essen am nächsten Tag bezahlen sollen.

Zum andern aber steht der abendländische Moralhaushalt noch immer ein wenig unter dem Bann jenes Evangelienwortes, wonach eher ein Kamel durch ein Nadelöhr gehe, als dass ein Reicher ins Reich Gottes komme (Matthäus 19, 24). Da hilft es wenig, dass Jesus im Gleichnis von den anvertrauten Talenten scheinbar dem Wucher das Wort redet und so etwas wie eine Apologie des Reichtums in dem Satz gipfeln lässt: »Denn wer hat, dem wird gegeben werden, und er wird in Fülle haben; wer aber nicht hat, dem wird auch, was er hat, genommen werden.« (Matthäus 25, 29) Dieser Reichtum sei spirituell zu verstehen, belehren uns die Bibelkundigen seit 2000 Jahren.

Wie dem auch sei: Reichtum hat etwas Anrüchiges, und wir mehr oder weniger armen Tröpfe sind gerne bereit, zu vermuten, Reichtum müsse die Menschen verderben. Eine Verderbnis, die da ihre Fratze enthülle, wo die Reichen alles daransetzten, noch reicher zu werden. »Steuererleichterung« ist da nur ein Stichwort.

Freilich legen wir die Maßstäbe nicht so streng an wie Aristoteles oder Jesus im Gleichnis von Kamel und Nadelöhr. Wann fängt für uns der Reichtum an, verwerflich zu werden? Wenn einer eine Million hat und nicht ein Zehntel UNICEF spendet? Wenn einer mehr hat als wir selber?

Immerhin möglich wäre es ja, dass ökonomischer Reichtum unser Wirklichkeitsverständnis nicht verzerrt, sondern läutert. Denn vielleicht beschert er uns ja gerade die Einsicht, dass die meisten Dinge nicht käuflich sind. Dann wäre Reichtum wahrhaftig ein Gewinn.

A. U. S.

LEKTÜREVORSCHLAG:
Jochen Hörisch: Kopf oder Zahl. Die Poesie des Geldes.
Frankfurt am Main 1996.

Die Lust an der Gewalt

Lieber Herr Sommer,
können Sie mir sagen, was die Faszination von Gewalt ausmacht? Auch ich hätte manchmal Lust, einfach dreinzuhauen, wenn mir etwas nicht passt. Was ist das für ein Zustand, in den man geraten kann? Zu sehen, wie das Blut spritzt. Gerade im Kino ist Gewalt ja immer auch was Schönes. Sie ist ein Zeichen von Macht. Und gerade wenn Frauen morden, etwa Uma Thurman in »Kill Bill«, das sieht einfach toll aus. Glauben Sie, dass das Kino zur Gewaltausübung reizt?
Peter R.

Lieber Herr R.,
die Faszination der Gewalt könnte ihre nicht unwesentlichste Ursache darin haben, dass Gewalt zumindest in ihrer nackten physischen Gestalt in unserer Gesellschaft verpönt ist. Wir haben kein Recht dazu, durch die Ausübung unserer körperlichen Kräfte, mit Fäusten oder Waffen, andere Menschen zu behelligen.

Der Staat ist es, dem bei uns das »Gewaltmonopol« zukommt; einzig seine Ausführungsorgane, Polizei, Strafverfolgungsbehörde und Militär, sind zur Gewaltanwendung befugt, und zwar insbesondere dann, wenn es gilt, »unbefugte« Gewaltanwendung zu unterbinden oder zu verhindern. Selbst wenn kein Individuum Gewalt anwenden sollte, würden wir nicht in einer gewaltlosen Gesellschaft leben, sondern in einer Gesellschaft, wo Gewalt zivilisiert und ihre Anwendung gesetzlich geregelt ist. »Strukturelle Gewalt« hat man dies in der revolutionslüstern erhitzten Atmosphäre der sechziger und siebziger Jahre genannt. Womit man zum Ausdruck bringen wollte, dass es gerade die sozialen und politischen Institutionen seien, die unsere Freiheit gewaltsam einschränkten – und sei es auch nur dadurch, dass sie für den Fall nichtkonformen Verhaltens Gewalt androhten.

Die Darstellung von Gewalt in Literatur und Film, an der sich viele ausgesprochen friedliche Zeitgenossen ergötzen, hätte dann also eine Ventilfunktion: Weil wir als sozialisierte Wesen an der Ausübung von Gewalt gehindert sind, lassen wir stellvertretend unsere Kinohelden und neuerdings -heldinnen jene Gewalttaten verüben, zu denen wir insgeheim selber Lust verspüren.

Vermutlich ist es naiv, sich den Menschen als ein Wesen vorzustellen, das »von Natur aus« friedliebend und aller Gewalt abhold ist. Der Mensch wäre das einzige Tier, dem dann ein natürliches Gewaltpotenzial fehlte, was ihn zu einem eigentlichen Wunder der Natur machte, das freilich im Zuge der Evolution wenig Überlebenschancen hätte. Ich vermute demnach, dass nicht erst eine menschenfeindliche Sozialisierung uns Menschen zu gewaltbereiten Wesen hat werden lassen, sondern, dass Menschen immer schon mit ihresgleichen zusammenlebten – und das dieses Zusammenleben Gewalt ebenso schürt wie Zuneigung.

Die gesellschaftliche Entwicklung, insbesondere der Neuzeit, haben Philosophen und Historiker als Prozess fortlaufender sozialer Disziplinierung gedeutet: Viele Bereiche, in denen die Einzelnen bislang frei handeln konnten – zum Beispiel, indem sie am Mörder Blutrache für getötete Angehörige nahmen – wurden schrittweise der politischen und sozialen Kontrolle unterworfen. Nichtkonformes Handeln, das nicht verboten werden kann, wird zumindest moralisch geächtet. Und an erster Stelle wird die Ausübung von Gewalt diszipliniert. So bleibt für das Individuum meist nur noch Gewaltausübung in sublimierter Form – mittels »seelischer Grausamkeit«.

Oder aber man lässt im Kino andere die Gewalttaten stellvertretend für einen selbst verüben. Was freilich nicht ausschließt, dass manche Menschen sich durch Gewaltdarstellung unmittelbar zu Gewaltausübung motiviert sehen.

A. U. S.

LEKTÜREVORSCHLAG:

Kurt Röttgers; Hans Saner (Hrsg): Gewalt. Grundlagenprobleme in der Diskussion der Gewaltphänomene. Basel; Stuttgart 1978.

Kinderwunsch und Lebensglück

Lieber Andreas Urs Sommer,
meine Freundin ist beruflich erfolgreich, und bis vor kurzem war der Beruf auch (fast) das Wichtigste in ihrem Leben. Seit kurzem aber ist der Kinderwunsch erwacht, und zwar mit einer Heftigkeit, die für mich nicht nachvollziehbar ist. Sicher spielt das Alter eine Rolle: meine Freundin ist 40 geworden. (Ich bin 44.)
Vielleicht auch die Tatsache, dass ihre beste Freundin schwanger ist. Ich jedenfalls werde den Eindruck nicht los, dass meine Freundin einer fixen Idee nachrennt. Bisher war unser Leben interessant und erfüllt, würde ich mal sagen. Haben Sie eine Erklärung?
Beat

Lieber Beat,
es mutet etwas merkwürdig an, dass etwas so Natürliches wie der Kinderwunsch rechtfertigungsbedürftig geworden ist. Ist der Wille, sich biologisch zu reproduzieren, nicht ein Grundbedürfnis aller uns bekannten Lebewesen, die damit zur Erhaltung der jeweiligen Gattung beitragen und auf diese Weise eine genetische Programmierung verwirklichen? Aber die Biologie erklärt den Reproduktionswillen *einzelner* menschlicher Individuen nicht hinreichend, denn diese können die Verwirklichung des biologischen Reproduktionswillens ja durchaus verweigern.

Sie, lieber Beat, tun das, und viele einsichtsvolle Menschen vor Ihnen haben es auch getan – nicht nur Nonnen und Mönche, sondern auch tiefsinnige Denker, die diese üble Welt etwaigen Kindern nicht zumuten wollten. Merkwürdige Fragen, die es mit dem Individuellen des Menschen und nicht mit seiner allgemeinen biologischen Natur zu tun haben, fallen nun in den Tätigkeitsbereich der Philosophie.

Allerdings haben es auch die Philosophen im Blick auf Ihr Problem mit allgemeinen Phrasen versucht. Friedrich Nietzsche legt seinem Helden Zarathustra beispielweise die Worte in den Mund: »Alles am Weibe ist ein Rätsel, und Alles am Weibe hat Eine Lösung: Sie heißt Schwangerschaft.«

Als politisch korrekt gilt eine solche Äußerung heute bestimmt nicht mehr; immerhin aber macht sie auf ein unhintergehbares Faktum aufmerksam, nämlich darauf, dass Frauen über eine existenzielle Möglichkeit verfügen, die den Männern versperrt ist: Sie können Kinder gebären und verfügen damit über die Macht, Leben zu schenken. Von Natur sind sie womöglich, wie schon Johann Jakob Bachofen Mitte des 19. Jahrhunderts mutmaßte, die Mächtigeren. Im Zeitalter der künstlichen Befruchtung vielleicht noch mehr als früher.

Nun scheint es Ihnen, als habe Ihre Freundin alles erreicht, was es braucht, um ein erfülltes Leben zu führen. Sie als Mann haben zumindest biologisch nicht viel mehr Optionen. Ihre Freundin, als Frau, hingegen hat noch diese eine Möglichkeit offen, die sie in der nächsten Zeit realisieren sollte, wenn sie sie überhaupt in ihrem Leben noch realisieren will. Und vermutlich stellt sie fest, dass all das, was sie bisher für sich gewann und auskostete, doch nicht des Lebens Fülle ist, die sie sich versprach.

Weshalb sich also nicht auf ein neues, freilich folgenreiches und verantwortungsträchtiges Lebensexperiment einlassen? Das könnte auch für Sie eine bedenkenswerte Chance sein. Was bewegt Sie dazu, darauf verzichten zu wollen?

A. U. S.

LEKTÜREVORSCHLAG:

Simone de Beauvoir: Das andere Geschlecht. Sitte und Sexus der Frau [1949]. Übersetzt von E. Rechel-Mertens und F. Montfort. Hamburg 1951.

Patchwork-Ansichten

Sehr geehrter Herr Sommer,
wie soll man sich entscheiden zwischen einer Weltanschauung, die auf Erklärungen der Evolution beruht, und einer eher »metaphysischen«, welche sich auf die Annahme höherer Dinge (Ideen, Werte, Ziele, Sinn) stützt? Besteht das Bewusstsein, der Mensch nur aus der komplexen Verschaltung von Gehirnnervenzellen? Und sein Charakter bloß aus einer individuellen Ansammlung von Erfahrungen und deren Verarbeitung im Verlauf der bisherigen Lebenszeit? Kann man wirklich alle Handlungen, jedes Verhalten, sämtliche Gefühle des Menschen funktional mit der Evolutionsbiologie und -psychologie in Hinsicht auf die Nützlichkeit für sein Fortbestehen erklären? Oder gibt es doch eine (unsterbliche) Seele, welche dem Körper als einem Instrument zur Existenz in einer materiellen Welt innewohnt? Und gibt es vielleicht doch eine »platonische Welt der Ideen«, welche die Seelen auf dieser Welt zu erkennen und deren Realisierung sie anzustreben haben?
Wenn nicht, wieso erfüllt mich diese Vorstellung dann mit Schmerz und dem Gefühl, so Sinn und Tiefe des Lebens zu verlieren? Was könnte denn der Zweck unseres Daseins, unser Ziel in dieser Welt sein?
Braucht man überhaupt eine solche hinter allem stehende, umfassende Weltanschauung oder kann

man auch ohne leben und Entscheidungen treffen?

Alex S. (21)

Lieber Herr S.,
Sie tun gut daran, nach den Motiven zu fragen, die einer Wahl zwischen Weltanschauungen zugrunde liegen. Keineswegs nur die innere Stimmigkeit und die größtmögliche Übereinstimmung einer Weltanschauung mit unserer Erfahrungswelt bestimmen diese Wahl. Vorausgesetzt, wir können überhaupt wählen und sind nicht bereits durch Herkommen und Umstände zu einer bestimmten Weltanschauung genötigt.

Mindestens ebenso wichtig wie die rationale Seite sind die Bedürfnisse, die wir von unserer Weltanschauung eingelöst sehen möchten: Es reicht uns nicht, dass sie möglichst unparteiisch eine Vielzahl von Sachverhalten erklärt. Wichtiger ist, dass sie uns tröstet, dass sie unsere eigene Existenz im Universum als sinnvoll ausweist. Wenn eine Weltanschauung das nicht tut, stellt sich jene Empfindung des Schmerzes oder des Ekels ein, die Sie bei einer rein materialistisch-evolutionsbiologischen Betrachtungsweise befällt. Diese Empfindung zeigt ein offenkundiges Sinnvakuum an; für Sie reicht eine solche Betrachtungsweise augenscheinlich nicht aus, um Ihren persönlichen Sinnansprüchen an eine Weltanschauung zu genügen.

»Weltanschauung« ist ein altertümlicher Ausdruck, der nicht zuletzt deswegen aus der Mode gekommen ist, weil er die Möglichkeit des umfassenden Blickes, der restlosen Befriedigung sowohl unserer erkenntnismäßig-rationalen wie unserer emotionalen Bedürfnisse unterstellt. Den Glauben an eine solche restlose Befriedigung können wir nur noch mit Mühe aufrechterhalten; »Weltanschauung« scheint eine Sache für Ideologen geworden zu sein, die entweder ihre emotionalen Bedürfnisse leugnen oder aber ihre Augen vor offen zutage liegenden Fakten verschließen.

Unsere Patchwork-Ansichten von der Welt und von uns selbst lassen sich kaum mehr zu einer kohärenten »Weltanschauung« zusammenschweißen. Jeder Weltanschauung – sei sie nun idealistisch-religiös oder materialistisch-szientistisch – kommen Sachverhalte ins Gehege, die uns daran irremachen.

Diese Erfahrung des Irrewerdens an Weltanschauungstotalen müssen wir ernst nehmen. So ernst, dass wir uns vielleicht mit Stückwerk bescheiden sollten. Denn als Menschen sind uns bestenfalls Ausschnitte des Wirklichen gegeben. Vorläufigkeit kennzeichnet all unsere Weltausschnittansichten. Und mit bewusst gemachter Vorläufigkeit unseres menschlichen Wissens werden wir für absolute Weltanschauungen untauglich. Wahrscheinlich zu unserem eigenen Besten. Und zu unserem Glück. Aber auch die Entscheidung zum Vorläufigen erfordert Mut.

A. U. S.

LEKTÜREVORSCHLAG:

Andreas Urs Sommer: Die Kunst, selber zu denken. Ein
  philosophischer Dictionnaire. Frankfurt am Main 2003.

Philosophie wozu?

Erhaben stellt man sie sich vor, die Philosophie, stolz auf hohem Rosse. Vom Feldherrenhügel des reinen Geistes aus überblicke sie all die Nichtigkeiten des Daseins – und blicke über sie hinweg.

Viel Sympathie trägt ihr diese vorgestellte Erhabenheit allerdings nicht ein. Erhabenheit ist selbst dann, wenn man sie mit »Coolness« ins Neudeutsche übersetzt, keine Eigenschaft, die man sich von einer Helferin wünscht. Genau das jedoch wollte die Philosophie seit alters her sein: Helferin in allen Lagen des Lebens. Philosophie sei vorzüglich dazu geeignet, die menschlichen Nöte zu lindern. Diese Linderung, so glauben die antiken Philosophen, gründe darauf, dass die Philosophie den Menschen zeige, worauf es im Leben wirklich ankomme: nicht auf vergängliche Güter, sondern auf unerschütterliche Erkenntnis, auf unvergängliche Wahrheit. Aber da steht die kalte Erhabenheit der Verlockung im Wege: Was hat man von Erkenntnis, die einem nicht mindestens das Himmelreich in Aussicht stellt? Was ist eine Philosophie wert, die die menschlichen Nöte aus der Welt schafft, indem sie sie für nichtig erklärt und dazu einlädt, doch bitte alles einmal vom Feldherrenhügel des reinen Geistes aus zu betrachten? Was kann eine Therapeutin leisten, die nicht selbst an den menschlichen Nöten leidet? Und soll uns eine Wahrheit angehen, die einen gegen alles Vergängliche immunisiert und so fürs Irdische unempfänglich macht?

Man bleibt also misstrauisch gegenüber einer Philosophie, die sich in Erhabenheitspose gefällt – und beweist damit ein durch und durch philosophisches Misstrauen. Ein Misstrauen, das die Philosophie und ihre Wahrheiten mit Fragen nicht verschont. Ein Misstrauen, das langsam, aber beharrlich auf den Feldherrenhügel des reinen Geistes hinaufkriecht, um die Selbstsicherheit und Selbstgerechtigkeit jener zu erschüttern, die dort die Wahrheit gepachtet zu haben glauben. Denn was stellt sich heraus, nachdem dieses Misstrauen endlich hinaufgekrochen ist? Dass es auf dem Hügel gar keine Herrin der Übersicht gibt, sondern nur einige sonderbar deformierte Herren, die ihre Kurzsichtigkeit für Weitsicht halten – eine Weitsicht übrigens, die sie die anderen anwesenden Herren (sie verlautbaren jeweils entgegengesetzte Theorien) glatt übersehen lässt. Ein jeder von ihnen fühlt sich, muss der Misstrauische, der eben aus Schlamm und Moder gestiegen ist, verwundert feststellen, als der einzig wirkliche Kronprinz jener Frau Philosophie, die – gar nicht da ist. Da ist nichts und niemand, auf das, die oder den die Vorstellung von Erhabenheit zutrifft. Keiner außer den sonderbaren Herren sitzt da auf dem hohen Ross. Und deren Reittiere scheinen auch bloß Schaukel- oder Steckenpferde zu sein. Nur komisch, das alles, denkt sich der Misstrauische und stapft vom Hügel hinunter – dorthin, wo Not und Verzweiflung herrschen. Dorthin, wo es den Tod gibt.

Aber das Misstrauen erlischt dort unten nicht. Es kehrt sich gegen sich selbst. Könnte es nicht sein, dass an dem Versprechen, von dem sich die Vorstellung von der Erhabenheit der Philosophie genährt hat, doch etwas dran ist? Dass es, wenn es schon keine Philosophie als Herrin der Übersicht gibt, vielleicht doch Philosophien gibt, die es den Menschen gestatten, sich stellen- und zeitweise Übersicht zu verschaffen? Philosophien, die nicht über alles hinwegtrösten wollen, sondern uns ohne Einsicht in die letzten Gründe unseres Daseins und des Kosmos bloß daran hindern, am Dasein und am Kosmos völlig zu verzweifeln? Oder uns doch erklären, weshalb wir daran verzweifeln? Was also, wenn es *die* Philosophie nicht gibt, sondern nur Philosophi*en* – nämlich Denkweisen, die uns zu verlernen lehren, das gewöhnlich Geglaubte zu glauben? Denkweisen, die unser Misstrauen schulen – allen behaupteten Wahrheiten, auch der Wahrheit des Misstrauens gegenüber.

Wozu also Philosophie? Nicht, um uns Wahrheiten zu verschaffen, mit denen wir unserem Leben eine letzte Ordnung geben, die vor jedem Angriff sicher ist. Wenn es *die* Philosophie nicht gibt, dann auch keine, deren Verkündigung der endgültige Bauplan des Kosmos und eine genaue Beschreibung der Rolle, die ich im Kosmos spielen soll, zu entnehmen ist. Philosophie – ohne bestimmten Artikel – ist keine Wissenschaft, die die Wahrheit oder auch nur Wahrheit*en* verwaltet. Als Liebe zur Weisheit, wie sie ihr Name ausweist, steht Philosophie mit Wahrheit – mit all dem, was sich dafür ausgibt – auf gespanntem Fuß. Möglich wäre immerhin, dass Weisheit gerade darin besteht, den Glauben an die eine Wahrheit aufzugeben, die hinter allem liege. Selbst die Weisheit ist kein Besitz, der in die Verwaltungshoheit von Philosophie gehört. Aufs Verwalten versteht Philosophie sich ohnehin denkbar schlecht. Wie jede Liebe kann auch die Liebe zur Weisheit unerwidert bleiben. Doch sogar im Unerwidertsein seiner Liebe findet der Philosophierende noch ein Glück, *sein* Glück. Das Glück, sich immer strebend zu bemühen, nicht abzulassen im Versuch, doch noch einen Rockzipfel, ein Strumpfband zu erhaschen. Überflüssig, daran zu erinnern, dass die Weisheit, soweit bekannt, weder Rock noch Strümpfe trägt.

Wozu Philosophie, wenn sie ein derart müßiges, derart wenig »erfolgsorientiertes« Geschäft zu sein scheint?

Was »bringt« sie, wenn sie uns keine letzte Übersicht verschafft, die wir praktisch verwerten können? Was bringt sie ein, wenn schon nicht Aussicht auf eine Gehaltserhöhung? Ist sie nur ein Tranquilizer für jene, die im Leben sowieso schon zu kurz gekommen sind? Etwas, was dazu dient, die ewigen Loser in Schach zu halten und die anderen ungestört ihren Geschäften nachgehen zu lassen? Aber auch die Hand der Geschäftigen, der nimmermüden Tatmenschen lässt Philosophie erlahmen, sobald sie ihnen vor Augen führt, wie wenig ihr Gewinn tatsächlich wert ist und dass wir womöglich am Ende alle Verlierer sind. Oder Gewinner.

Seltsam unpassend, unzeitgemäß nimmt sie sich aus, Philosophie inmitten von Computern, Autobahnen und TV-Talkshows. Sie ist nichts anderes als die leibhaftige Frage nach dem »was?«, dem »was soll's?«, dem »wieso?« und dem »warum?«. Wer ihr einmal sein Gehör leiht, dem zerbricht die traumwandlerische Sicherheit, mit der man gewöhnlich ein Leben führt, ohne es wirklich zu führen – andere oder »das Schicksal« das Leben für sich führen lässt. Aber auch Philosophie ist nichts, was einem diese Aufgabe, sein eigenes Leben zu führen, abnähme. Sie verrät uns nicht oder unter Vorbehalt, provisorisch, was die Antworten auf die von ihr gestellten Fragen sind. So unpassend wie inmitten von Computern, Autobahnen und TV-Talkshows nahm sie sich fast immer im Laufe ihrer Geschichte aus – auch vor zweieinhalbtausend Jahren auf griechischen Marktplätzen, als sie zum ersten Mal auftrat. Verstörend war ihre Wirkung auch dort, in die allgemeine Geschäftigkeit wollte sie sich schon damals nicht fügen. Sie hielt die Leute davon ab, zu glauben, was zu glauben Sitte war, blieb unerbittlich in ihren Fragen und unerbittlich ratlos im Verzicht auf definitive Antworten. Kaufen kann man sich nichts mit ihr – aber auch sie selbst ist nicht käuflich. Fragen kauft man nicht, sie stellen sich ein. In der Unabweisbarkeit ihrer Fragen tut Philosophie sich kund. Und darin, alle Antworten, die wir im Leben und in den Wissenschaften finden, als Stückwerk zu erweisen. Die Antworten sind ebenso wenig käuflich.

Einmal mehr gefragt: Wozu Philosophie? Nicht dazu, uns zu beruhigen, uns mit allerlei Pflästerchen aus dem Giftschrank der Metaphysik, der Lehre von den letzten Gründen, zu versehen, um damit sämtliche Wunden zuzukleben. Nicht dazu, uns mit allem abzufinden und uns als möglichst tüchtige Zahnräder im Getriebe der Welt rotieren zu lassen. Nicht dazu schließlich, uns letzte Gewissheiten zu spenden, die uns gegen sämtliche Zumutungen wappnen, mit denen das Weltgetriebe aufwartet. Philosophie ist keine uneinnehmbare Festung, in die wir uns zurückziehen können, wenn uns das Dasein verdrießt. Sie bietet keinen Schutz gegen Leiden und Tod – aber sie kann uns, fragend, dazu bringen, Leiden und Tod mit anderen Augen zu betrachten, sie umzuwerten: beispielsweise in ihnen nicht mehr grausamen Hohn gegen das Leben, unsere Verneinung zu vermuten, sondern die Aufforderung, die Chancen wahrzunehmen, die uns das Leben bietet, solange wir es haben. Mag sein, dass Philosophie alle Dinge so lässt, wie sie sind – aber sie könnte uns darin schulen, alle Dinge neu zu sehen.

Philosophie ist keine cool-erhabene Herrin der Übersicht, die besser als wir Menschen weiß, wie es auf Erden zugeht und Rezepte ausschreibt, denen gehorchend wir eine bessere Welt bauen. Sondern ein Mittel, wie wir uns ohne Rückzug, ohne Abschottung von der Welt die Fragen zu stellen lernen, auf die es in unserem Leben ankommt. Die Distanz, zu der uns Philosophie anleitet, ist keine Distanz, die auf Weltverzicht gründet, sondern sich im Vollzug des Lebens selbst einstellt. Die Distanz zum

Weltgetriebe rührt nicht daher, dass wir ihm Lebewohl sagen, den Computer ausschalten, das Auto am Rand der Autobahn stehen lassen und zu Fuß in die Wüste gehen. Wir sind, als Menschen, nicht im Stande, vom Feldherrenhügel des reinen Geistes aus auf die irdischen Dinge zu blicken. Zu unbeteiligten Göttern vermag uns Philosophie nicht zu erheben, ebenso wenig wie sie es vermag, uns zu sagen, worauf es wirklich ankomme. Aber sie nötigt uns, die Dinge so zu befragen, dass wir herausfinden, worauf es *uns* bei ihnen ankommt. Ankommt in der jeweiligen Situation, in der wir uns jeweils befinden – inmitten von Computern, Autobahnen und TV-Talkshows.

Womöglich ist die Frage »wozu Philosophie?« am Ende überflüssig, sofern irgendeine Frage je überflüssig werden kann. Womöglich ist Philosophie ganz einfach unvermeidlich. Weil wir uns immer wieder von neuem klar werden müssen, was wir mit unserem Leben wollen und unter den jeweils gegebenen Umständen wollen können. Philosophie ist nichts, was es gibt, was es *einfach so* gibt. Nichts, was irgendwo da draußen, außerhalb unserer selbst vorhanden wäre und das wir uns anzueignen und einzuverleiben hätten. Philosophie ist nur, insofern wir sie machen. Insofern wir selber zu denken anfangen. Gänzlich unbeeindruckt von Kälte und Erhabenheit.

Sachregister

Abendland, (sein Untergang) 24, 33
Abschied 101–103
Ächtung
 –, moralische 96, 166
 –, soziale 162
Affekte 100, 133
Anerkennung 147 f.
Angst 68–72, 70, 149–151
 – vor Geistern 69–72
Auferstehung 102
Aufopferungsbereitschaft 145
Ausgrenzung 146–148
Außenwelt, Existenz der 107–109

Begegnung *siehe* Beziehung
Begrenztheit des Daseins 50
Begrenzung als Chance 50
Begriffsbildung 88–90
Belletristik 66–68
Berufswahl 143–145
Beschleunigung 159
Bevölkerungswachstum 78–80
Bewusstsein 62–65, 107 f., 170
Beziehung 39–41, 81, 125–127
Bibel 105, 162

Bildung 116–118
 –, humanistische 116 f.
 –, Unbehagen an der 116–118
Bildungsbürgertum 116
Bildungskanon 117 f.
Briefe, philosophische 7–13

Chaos 59
Christentum 138 f.
Club of Rome 78
cogito, ergo sum 107–109

Dasein, gelingendes *siehe* Leben, gelingendes
Dasein, glückliches 99
Daseinsangst 69–72
Dekadenz 111
Denken 17, 68, 104–106
Distanz 124, 177
 –, skeptische 142
Dummheit, menschliche 128–130

Egalisierungsmoral 46 f., 94 f.
Egalität *siehe* Gleichheit
Ehe 155–157
Ehrfurcht vor dem Leben 34, 135 f.
Eigeninteressen, Orientierung an 128–130
Empfinden, seelisches 62

179

Endlichkeit, Umgang mit 101–103
Endzeitmythos 24–26
Energieerhaltungssatz 113 f.
Entropie 114
Entscheidungsaufschub 81–84
Entscheidungsverzicht 84
Entwertung aller Werte 133
Erfahrungswissen 44
Erinnerung 74
Erkenntnis 106
Essen 30–32
Ethik 28 f., 34 f., 83
Evolution 92 f., 170
Evolutionisten 91–93
Evolutionsbiologie 170
Evolutionspsychologie 170
ewige Jugend *siehe* Jugend, ewige
ewige Wiederkunft 115
ewiges Leben *siehe* Leben, ewiges
Ewigkeit 101, 115
Exaltiertheit 133
Existenzphilosophie 70

Familienplanung 77
fiktionale Literatur *siehe* Literatur, fiktionale
Flüchtigkeit der Liebe 73–76
Flüchtigkeit des Glücks 73–76
Fortschritt 25
freie Wesen 60
Freiheit 74, 103
– der Bildung 118
– der Wahl 31 f.
– des Denkens 17
Freude 132
Frieden 33
Fröhlichkeit 131–133
Furcht 70; *siehe* auch Angst
Für-wahr-Halten *siehe* Glaube

Galaxien 93
Geborgenheit 121
Gehirn 70, 62–65, 170
– im Tank 19
Geist 65
–, Idee des reinen 111 f., 173
Geistesmacht 110–112
Geistiges 111 f.
Geistig-Übersinnliches 111 f.
Geld 49, 21–23, 161–163
gelingendes Dasein *siehe* Leben, gelingendes
Gemüt 63
Genesis *siehe* Schöpfungsbericht
Gerechtigkeit 33
Geschichte 92
Geschichtsphilosophie 25 f.
Geschwindigkeit 158–160
Gespensterfurcht 69–72
Gewalt 33–35, 164–166
–, Lust an der 164–165
–, psychische 34
–, strukturelle 165
Gewaltbereitschaft 150
Gewaltdarstellungen 165, 166
Gewaltlosigkeit 33–35, 164
Gewaltmonopol des Staates 164

Gewaltpotenzial 165
Gewaltrecht 150
Gewissheit 104, 106
Glaube 18–19, 43, 104–106
Glaubensbedürfnis 15
Glaubenswahrheit 106
Gleichheit 46
globale Probleme 79 f.
Glück 73–76, 86, 99 f., 132, 175
– und Schönheit 51–53
glückendes Leben *siehe* Leben, glückendes
Goldene Regel 86
Gott ist tot 133
Gottesbeweis 59, 108
göttliche Offenbarung *siehe* Offenbarung, göttliche
Grenzen
– des Daseins 48 f.
– des Wachstums 78
–, Notwendigkeit von 48–50
Grundantriebe, menschliche 150
Gute, das 85–87
guter Mensch *siehe* Mensch, guter
Güterabwägung 128
Gutmensch 85

Handeln, moralisches 108 f.
Hässlichkeit 52
Hedoné 132
hedonistische Schule 132
Heiterkeit 131–133
Hemmungen 122–124
Hochkulturen 24
Hoffnung 105

humanistische Bildung *siehe* Bildung, humanistische

Idee des Schönen 51 f.
Informationen 140–142
Instinkt 42
Intimität, Tyrannei der 47

Jenseits 109
journalistische Standesethik *siehe* Standesethik, journalistische
journalistische Tugenden *siehe* Tugenden, journalistische
Jugend, ewige 114

Kinderwunsch 167–169
Kommunikation 45–47
Konditionierung 35
Konsens, moralischer 152
Kontrollverlust 69
kopernikanisches Weltbild *siehe* Weltbild, kopernikanisches
Körper und Geist 32
Körperkult 110–112
Körperlich-Sinnliches 111 f.
Korrektheit, politische 46
Kosmologie 92
Kosmos *siehe* Universum
Kreationisten 91–93
Kultur 33
–, Unbehagen in der 121
Kulturphilosophie 34
Langsamkeit 158–160
Leben 23, 34, 135 f.
– als Traum 107–109

–, ewiges 56, 102
–, gelingendes 75 f., 98–100
–, glückendes 75 f., 99
Lebensglück 86, 99, 167–169
Leidenschaften 132
Leidensfähigkeit von Tieren 136
Leistung 153
Liebe 73–76, 105, 125
–, Flüchtigkeit der 39–41, 81
– Gottes 39
–, Institutionalisierung der 40 f.
–, metaphysische 39 f.
Literatur, fiktionale 66–68

Many-World-Interpretation 68
Materialismus, reduktionistischer 64
Medien, Umgang mit 140–142
Mensch
–, guter 85–87, 128
–, Wert eines 152–154
metaphysische Setzung *siehe* Setzung, metaphysische
Missgunst 132
Missing Link 91
Misstrauen, philosophisches 174
Moral 27 f., 86 f., 109
–, aristokratische 46
–, monogamistische 120 f.
moralische Ächtung *siehe* Ächtung

moralischer Konsens *siehe* Konsens, moralischer
moralisches Handeln *siehe* Handeln, moralisches
Moralphilosophie 132
Motive, selbstsüchtige 129

Neid 132
Nihilismus 137–139
Nutzen für die Allgemeinheit 143–145, 153
Nützliche, das 86

Offenbarung, göttliche 105

Partnerschaft 125–127, 155–157
Pflicht 35, 87, 132
Phantasien 121
Philosophie der Skepsis *siehe* Skepsis
Philosophie des Zweifels *siehe* Skepsis
Philosophie, Funktion von 27–29
Philosophieren, skeptisches 88–90
philosophisches Misstrauen *siehe* Misstrauen, philosophisches
platonische Beziehung 127
Primärtriebe 120 f.
Privatheit, Recht auf 46
Propheten des Fortschritts 25
Propheten des Untergangs 24–26
Psyche 36–38

Quantenmechanik 68

Quelle der Erkenntnis 105
quellenkritische Methode 141

rasender Stillstand *siehe* Stillstand, rasender
Realität, Wesen der 68
Reduktionismus 64
Reichtum 161–163
Reizüberflutung 119
Religion 15–17, 79
Religionsersatz 27–29
Reproduktionswillen 167
Ressourcen, Umgang mit 80
Rückschritt 25

Schicksal 176
Schöne, das 51 f.
Schönheit
 –, äußerliche 52
 – und Glück 51–53
 – Schönheitsideal 51, 53
 – Schönheitskult 110
Schöpfergott 59
Schöpfung 37, 58, 91
Schöpfungsbericht 92
Schriftsteller 66–68
Schüchternheit 122–124
Seele
 – des Menschen 36–38, 62 f., 100
 – der Tiere 134–136
Seelenruhe 38, 100, 133
Selbstbegrenzung 49
Selbstbehauptung 146–148
Selbstkontrolle, Verlust der 133
Selbstüberwindung 122–124
Setzung, metaphysische 154

Sexphantasien 119–121
Sexualisierung der Lebenswelt 119–120
Sexualität 55, 156
Sexualmoral 155–157
Sicherheit, soziale 79
Sinn des Lebens 26, 33, 56, 60, 85
Sinneseindrücke 107
Sinnlosigkeit des Daseins 137–139
Skepsis, Philosophie der 18–20, 27, 49 f., 88–90
Souverän 150
soziale Ächtung *siehe* Ächtung
Sozialisierung 165
Standesethik, journalistische 140–142
Staunen 15–17
Sterben 54 f.
Sterblichkeit 102
Stillstand, rasender 160
Stoiker 86, 100, 151 f.
strukturelle Gewalt *siehe* Gewalt

Tabu 55
Tabubruch 110
Tauschgerechtigkeit 87
Tiere, Seele der 134–136
Tod 23, 54–57, 102 f., 151, 177
Toleranz 95
Tratsch 94–97
Trauer 54
Traum, das Leben als 107–109
Traumfrau/-mann 81–84
Treue 155–157

Triebe, menschliche 119–121, 128
Triebschicksal 130
Trotz als Lebenshaltung 139
Tugenden 95 f.
–, journalistische 140–142
–, religiöse 105
Tugendethik 142

Überbevölkerung 77–80
übersinnliche Welt *siehe* Welt, übersinnliche
Übung, geistige 107 f.
Umweltzerstörung 79 f.
unangepasstes Verhalten *siehe* Verhalten, unangepasstes
Unbehagen in der Kultur *siehe* Kultur, Unbehagen in der
Undurchschaubarkeit der Welt 47
Unendlichkeit 101
Unerschütterlichkeit 100
Universum 58 f., 68
Unsterblichkeit 113–115
–, kosmische 114
– der Seele 37 f.
Untergang des Abendlandes 24, 33
Unwissen der Philosophie 18 f.
Urknall 91, 93
Utilitarismus 144 f.

Verantwortung 85
Verdienst, moralisches 132
Vergessen 44
Vergnügen 131–133
Verhalten, unangepasstes 95
Vernunft 35, 132
Vernunftehe 125
Vertrauen 41, 82, 156 f.
virtuelle Welt 111 f.

Wachstum, Grenzen des 78
Wahrheit 27, 50, 89, 140 f., 173, 175
Weisheit 175
Welt der Ideen, platonische 170
Welt, übersinnliche 71
Weltanschauung 170–172
Weltbild 16
–, kopernikanisches 60
Weltentstehung 92
Weltschöpfer 92
Wert eines Menschen *siehe* Mensch
Werthaltungen 46, 95
Wiederkunft des Gleichen, ewige 115
Wirklichkeit 107
Wissen 18–20, 27, 42–44, 104, 116–118, 172
Wissenschaft 15–17
Wohlfahrt, allgemeine 130
Wohlstand 79
Wünsche, sexuelle 156
Wunschvorstellungen 124
Würde des Menschen 154

Zufälliges 16 f.
Zweifel 18–20, 48 f.

Personenregister

Adorno, Theodor 53
Anaxagoras 16
Aristippos von Kyrene 132 f.
Aristoteles 16, 28, 142, 162 f.

Bachmann, Ingeborg 124
Bachofen, Johann Jakob 168
Beauvoir, Simone de 168

Calderón de la Barca, Pedro 108 f.
Chardin *siehe* Teilhard de Chardin
Chesterfield, Philip Dormer Stanhope Lord 12 f.
Cicero, Marcus Tullius 16 f.
Crumey, Andrew 66–68

Darwin, Charles 91, 93
Descartes, René 37, 49, 107–109
Diderot, Denis 8, 13

Elias, Norbert 55
Epiktet 100
Epikur 48 f., 151
Erasmus von Rotterdam, Desiderius 130, 159
Everett, Hugh 68
Feuerbach, Ludwig 32
Freud, Sigmund 37, 121

Galiani, Ferdinando 8, 13
Galilei, Galileo 153
Gandhi, Mahatma 33
Gerhardt, Paul 133
Goethe, Johann Wolfgang von 73
Gorer, Geoffrey 55

Heraklit 159
Herman, Arthur 26
Hobbes, Thomas 150 f.
Hofmannsthal, Hugo von 90
Hohl, Ludwig 12

Jesus von Nazareth 137–139, 162 f.

Kant, Immanuel 71, 87, 105, 131 f.
Kierkegaard, Søren 74

La Rouchefoucauld, François 126 f.
Lucilius, Gaius 9 f., 12
Luhmann, Niklas 96, 125 f.
Luther, Martin 133

Malthus, Thomas Robert 78–80
Mandeville, Bernard de 130
Manutius, Aldus 159

Marinetti, Filippo Tommaso 52 f.
Meier, Heinrich 80
Mirandola *siehe* Pico della Mirandola
Montaigne, Michel de 103
Musil, Robert 84

Nadolny, Sten 158
Nietzsche, Friedrich 48, 111, 115, 133, 168

Parmenides 159
Pico della Mirandola, Giovanni 154
Platon 16, 40 f., 51, 53, 111, 142

Rorarius, Hieronymus 136
Rousseau, Jean-Jacques 67

Sartre, Jean-Paul 139
Schlegel, Friedrich 157
Schopenhauer, Arthur 71 f.
Schütz, Martin R. 142
Schweitzer, Albert 34 f., 136
Seneca, Lucius Annaeus 9 f., 12 f.
Sextus Empiricus 29
Simmel, Georg 23
Sokrates 40, 52, 86
Spengler, Oswald 24 f.
Swift, Jonathan 114

Teilhard de Chardin, Pierre 49

Virilio, Paul 160

Wilde, Oscar 71

Editorische Nachbemerkung

Die Briefe erscheinen hier über weite Strecken unverändert so, wie sie zwischen März 2003 und Februar 2004 im *Magazin* des *Tagesanzeigers* (Zürich) abgedruckt worden sind, freilich nicht ganz in der Reihenfolge ihres Erscheinens, sondern in der Reihenfolge ihrer Entstehung bzw. ihrer Beantwortung. Es wurde bewusst auf eine thematische Gliederung verzichtet, um den Reiz der Vielgestaltigkeit und Unabschließbarkeit philosophischer Suche anschaulich zu halten. Der abschließende Essay »Wozu Philosophie?« hätte mich ursprünglich bei den Lesern des *Magazins* einführen sollen, ist aber dann doch nicht erschienen und wird hier zum ersten Mal publiziert.

Da und dort werden redaktionelle Eingriffe und Kürzungen rückgängig gemacht. Anonymisiert wurden die Leserbrief-Schreiber schon beim ursprünglichen Abdruck der Briefe – eine Praxis, die ich beibehalte.

Den redaktionell Verantwortlichen beim *Magazin*, namentlich Ursula von Arx, Finn Canonica, Irene Mahrer-Stich und Res Strehle sowie im Blick auf die dortige künstlerische Gestaltung Yves Netzhammer, danke ich sehr für die (wenigstens in meinen Augen) fruchtbare Zusammenarbeit, ebenso meiner Lektorin bei Eichborn, Palma Müller-Scherf.

Ein Wort noch zu den Lektürevorschlägen, die bereits beim ersten Abdruck am Ende vieler Briefe standen und die ich hier erweitert und gelegentlich modifiziert habe: Sie dienen weder dazu, das Geschriebene mittels Autoritäten abzusichern, noch auf einen ominösen »Forschungsstand« hinzuweisen, sondern sind als Einladungen zu weiterer Beschäftigung mit dem jeweiligen Thema gedacht. Nicht selten wird in den genannten Büchern eine der von den Leserbrief-Schreibern oder mir vertretenen Auffassung genau entgegengesetzte These vertreten. Diese Lektürevorschläge haben also durchaus den Zweck, zur unabschließbaren Fortsetzung des jeweils erst begonnenen Briefgesprächs einzuladen und Kontrapunkte zu setzen – oft auch, indem sie weit über das brieflich Angesprochene hinausführen.

Andreas Urs Sommer

Inhalt

Wozu philosophische Briefe? 7
Freiheit des Staunens 15
Lob des Zweifels 18
Was regiert, wenn Geld die Welt regiert? 21
Geht das Abendland unter? 24
Kein Religionsersatz 27
Was ist der Mensch, wenn er isst? 30
Kultur ohne Gewalt? 33
Die Seele als Auslaufmodell? 36
Zur beständigen Flüchtigkeit der Liebe 39
Macht und Ohnmacht des Wissens 42
Impertinente Fragen 45
Zur Notwendigkeit von Grenzen 48
Schönheit und Unglück 51
Der Tod passt nicht mehr zum Leben 54
Das Universum ein Lebewesen? 58
Braucht das Bewusstsein ein Gehirn? 62
Dürfen Schriftsteller denken? 66
Gespensterfurcht und Daseinsangst 69
Besänftigte Macht des Augenblicks 73
Sind wir einfach zu viele? 77
Mieter im eigenen Leben? 81
Lohnt es sich, ein guter Mensch zu sein? 85
Die Dinge auf den Begriff bringen 88
Evolutionisten contra Kreationisten 91
Vom Wert des Tratsches 94
Gelingendes Leben 98
Abschiedlichkeit 101

Glauben und Denken   104
Ist das Leben ein Traum?   107
Körperkult und Geistesmacht   110
Wollt ihr ewig leben?   113
Bildungsunbehagen   116
Die ewige Geilheit   119
Nur keine Hemmungen?   122
Liebe ohne Schmetterlinge   125
Unheilbar dumm?   128
Vergnügen und Heiterkeit   131
Die Seele der Tiere   134
Null Bock   137
Journalisten und Ethik   140
Beruf und allgemeiner Nutzen   143
Ausgrenzung und Selbstbehauptung   146
Ängste, größer als ich   149
Mensch ist Mensch?   152
Was Treue bedeuten kann   155
Eile mit Weile   158
Reichtum – nein danke?   161
Die Lust an der Gewalt   164
Kinderwunsch und Lebensglück   167
Patchwork-Ansichten   170
Philosophie wozu?   173
Sachregister   179
Personenregister   185
Editorische Nachbemerkung   187